上海百年系列

of Commerce in Shanghai

Centennial History

上海贸易百年

主 编◎王胜桥

副主编◎刘 红

复旦大学
出版社

序

上海，一座因海而生的城市，一座因商而市的城市，一座因贸而盛的城市。跨越百年的历史长河，曾经的小渔村成为了世界的明珠。历史的上海，诞生了中国第一座现代商场、第一家现代银行、第一所教会大学、第一份报纸杂志、第一个商业街、第一个电话亭、第一只股票……今天的上海，拥有了全球排名首位的集装箱港口、世界首条商运磁悬浮列车、世界首条量子保密通信干线、中国首款大型客机C919、首届中国国际进口博览会……

从"西风东渐"到国际购物天堂，从"十里洋场"到国际消费中心城市，从"东南都会"到全球国际贸易中心，从水乡古镇到老城厢，再到外滩、南京路，百余年来上海不断演绎着道不尽的商业神话。奢华、摩登、古典、优雅，是世界眼中的上海印象；创新、公平、服务、高效，正成为上海城市的世界投影。

上海零售业的发展是上海商业发展的一个缩影。以南京路上先施、永安、新新、大新"四大百货公司"为代表的传统百货业的繁荣是上海零售的1.0时代。20世纪90年代，随着"超级市场"新业态进入中国，百货、超市、便利店、专卖店等多种业态并存，家乐福、沃尔玛、大润发、联华超市、百联集团等企业同业竞争，这是上海零售的2.0时代。跨入21世纪，随着信息技术的发展，大数据、云计算、人工智能、虚拟现实等信息新技术在商业领域得到广泛应用，尤其是电子商务与移动智能支付的出现,上海零售业进入了新零售的3.0时代。

其实早在清乾隆、嘉庆年间,上海就被称为"江海之通津,东南之都会"。德国传教士郭士立1833年在书中描绘了当年上海的繁华景象:"……,这个地方拥有极大的对外贸易的优势,更难得的是,它还没有被人发现。"这是作为商业与贸易中心的上海第一次进入国际视野。1843年开埠以后,上海迅速崛起,成为远东的国际贸易中心和世界闻名的国际大都市。改革开放以来,尤其现今面临"十四五"发展规划和构建"双循环"新发展格局,上海正着力构筑全球贸易枢纽,打造亚太投资门户,建设国际消费中心城市,建成国际会展之都,建设亚太供应链管理中心,形成贸易投资制度创新高地。

百年穿越,开放意识、契约精神、创新品格和工匠精神,上海商业和贸易的发展一直伴随并促进着上海城市的成长。上海也是中国共产党的诞生地,从这里发源,中国共产党带领中国人民建设新中国,走向全世界,逐步实现中国人民站起来、富起来、强起来的梦想。今年恰逢建党百年,对上海商业的百年历史进行梳理,提炼上海商业特色,弘扬上海城市精神,对纪念建党百年具有极高的现实价值,我们编著和出版上海百年系列丛书的意义即在于此。

上海百年系列丛书分为三册,分别为《上海商业百年》《上海贸易百年》《上海零售百年》。三册独自成书,各具特色;又整合一体,相得益彰。

《上海商业百年》由刘红主编、殷延海副主编,分为四章,作者编写分工如下:第一章抢滩登陆(刘欣),第二章筑梦繁华(狄蓉),第三章负重前行(成争荣),第四章再铸辉煌(符栋良、殷延海、刘红)。

《上海贸易百年》由王胜桥主编,刘红副主编,分为四章,作者编写分工如下:第一章向海而生(刘欣、江江),第二章东西汇流(狄蓉、袁君霞),第三章砥砺前行(成争荣、邵伟),第四章勇立潮头(赵黎黎、亢秀秋、符栋良)。

《上海零售百年》由焦玥主编,冯睿副主编,分为五章,作者编写分工如下:第一章开埠之光(刘欣),第二章十里洋场(狄蓉),第三章破旧立新(冯睿),第四章蓄力腾飞(亢秀秋),第五章日新月异(符栋良、焦玥)。

　　上海百年系列丛书由上海商学院教授、副教授、博士组成的专家团队，基于多年的上海商业研究与实践编著完成，同时参阅了大量前期出版的教材、论著、音像及研究资料。丛书的出版，得到了上海高校工商管理高原学科和一流本科专业建设项目的立项资助，并得到了海派商业文化研究院的大力支持，在此一并感谢。丛书从酝酿到启动到成稿，历时两年有余，每本著作均几易其稿。由于时间及能力所限，书中难免会出现一些纰漏，且有些文章或资料因时间久远无法溯源乃至原作者信息无法查询，故未能一一注出，敬请谅解并指正。

王胜桥　教授

上海商学院工商管理学院院长

2021 年 9 月 15 日

目录

第一章　向海而生（1843—1919 年）

第二章　东西汇流（1919—1949 年）

第三章 砥砺前行（1949—1990 年）

第四章 勇立潮头（1991—2021 年）

第一章

向海而生

（1843—1919年） >>>

引　子

　　上海贸易的崛起靠的是"襟江带海"得天独厚的地理优势，从青龙镇、十六铺到外滩码头，它们见证了上海贸易从起点走向兴旺，见证了上海成为名副其实的贸易大港。百年来，上海是南来北往的商人必争之地，也吸引了众多的江南人才，更有官商的洋务企业、买办商业以及民族资本深入参与到上海的贸易大发展。这里也是中国人开眼看世界的起航地，虚心迎来各种现代制度，从被迫打开国门到主动走向世界，上海必将孕育出无限的贸易商机。

一、贸易港口的沧桑变迁

（一）名噪一时的青龙镇

青龙镇遗址在古吴淞江的出海口，地处南北海路交通的要冲，又有吴淞江、长江沟通内陆，地理位置优越。自2010年起，青龙镇遗址的田野考古发掘正式启动。历经九年的考古，出土了大量贸易瓷器和建筑遗存，一幅隐匿了千年的画卷也逐渐展开。青龙镇遗址的考古发现成为连接古今的桥梁，寻证了上海贸易发展的历史起点：上海在开埠之前就已经是东南沿海主要的海港城市了。

若问古代上海地区第一个通商港口在哪里，人们会不约而同地指向今为青浦区白鹤镇、旧为青浦镇的青龙镇。公元746年（唐天宝五载），设立了青龙镇（今青浦县城东北的旧青浦），设有镇将和镇副，标志着除华亭镇外，上海第二个贸易港——青龙镇港形成。青龙镇港紧临吴淞江，溯江而上可达苏州（苏州在唐代经济比较繁荣），是苏州的通海门户，通过苏州附近的江南运河，青龙镇港与嘉兴、湖州和常州等地的运输条件也十分便捷。青龙镇是上海地区最早的对外贸易港口，也是唐宋时期海上丝绸之路的重要节点。上海是闻名中外的贸易、航运、经济和金融中心，世界级贸易码头——洋山港的"祖父"就是唐宋时期位于上海青浦的青龙镇。

青龙镇历史比较悠久，是江南市镇的先驱和典型。三国东吴时期，青龙镇为孙权划江自守的军事要塞，水师装备较强，它因青龙战舰在此

图1-1　青龙港旧照

建造而得名。当时,青龙镇是个天然的避风良港,成为东吴水师操练集训的基地。随着海岸线的推进,吴淞江入海口逐渐成了完善的喇叭状海湾,俗称为"三角港",水域广阔,形似海洋。根据方志记载,青龙镇曾建有3亭、7塔和13寺院,并建有供奉妈祖的圣母祠。从考古勘探结果看,宋代青龙镇聚落区面积扩大到25平方千米,是唐代的4倍,新的桥梁不断营建。

青龙镇是上海向海而生和以港兴市的源头。唐宋时期,青龙镇凭借沪渎(今黄浦江下游)之口,背靠发达的苏州和秀州(今浙江嘉兴)地区应运而兴,由原先的军事要塞转型发展为对外贸易的重要港口,成为与广州、泉州和扬州等地齐名的通商口岸。唐朝诗人皮日休《沪渎》诗云:"全吴临巨溟,百里到沪渎。海物竞骈罗,水怪争渗漉。"这说明当时青龙镇的水产丰富,渔事已相当兴旺。由渔事而形成集镇,由集镇又成为港口,随着吴淞江上游地区(太湖地区)的开发和对外贸易的发展,青龙镇成了上海地区最早的内外贸易集散地,由此也成了最早的上海海港。

青龙镇曾一度改名为通惠镇,寓意与海内外"通商互惠",货物和服务贸易十分繁荣，出现了现代自由贸易的雏形。由于对外贸易的促进作用，青龙镇发展较快，领先于其他江南市镇群体。同时，青龙镇本身具有早期新兴城市萌芽的色彩，并形成发达的经济文化成果。

作为长江三角洲地区重要的市镇港口和江南经济枢纽之一，从青龙镇出发的航线远达东北亚和东南亚海域。南洋、日本和新罗（朝鲜古国）等地的商人每年都要来此交易。苏州和秀州等地的内外贸易均在此集散，苏州一带的贡物也都在此经吴淞江从沪渎转口北运。每月有苏州、杭州、湖州和常州等地的商船来此，福建漳州、泉州和浙江明、越、温及台诸州的商船每年要来两三回，真是"人乐斯土，地无空闲"。

特别是到了宋代，青龙镇进入最风光的时段。宋朝对外贸易十分发达，在广州、杭州和明州（今宁波）3个港口城市设立了市舶司，专门管理海外贸易，合称"三司"，作为宋朝最主要的对外贸易港口。宋朝绍兴元年（公元1131年），又在青龙镇设置了单独管理海上贸易的市舶务，专管海外贸易，成为青龙镇海外贸易走向兴旺的标志。

青龙镇是当时华亭县最早的贸易集散地，不仅当地经济发达，税收担当不断提升，青龙镇向城市发展的趋向也已经非常突出，都市文化形态的萌芽也随之出现。古代上海地区的对外经济文化交流，以青龙镇港衰落和上海港兴起为标志，可以划分为前后两个阶段。前期上海地区参与海上丝绸之路的交流活动以市镇港口为中心，后期则以港城为中心；前者以青龙镇和宋朝后期的新市镇为支点，后者以上海县及其港口为主要支点。

青龙镇是上海最早的崧泽文化与海洋文明融合发展的产物，它发端于海上贸易，兴盛于文化交流活跃的唐宋时期，在上海镇兴起以前，青龙镇开辟出的海上丝绸之路，成为晚唐以来上海乃至长江流域对外交流的重要港口和贸易集散中心，这一时期，繁华的青龙镇上甚至有外国侨商居住。

青龙镇作为对外贸易港口，从唐代中晚期至南宋末期，延绵500年，其中最繁盛辉煌的是北宋到南宋的100多年间，青龙镇确立了对外贸易港口的重要地位，开辟了海上丝绸之路的航线。青龙镇是上海参与海上丝绸之路的重要标志，其发展曾经带动整个华亭县，并进一步推

图1-2　海上丝绸之路节点图

动了上海和江南地区的对外经济文化交流，促进贸易，造福各方，支撑和主导了几百年间的上海丝路贸易活动，为近代上海成为江海之通津、东方之巨港和东南之都会，及现代上海成为国际经济、金融、贸易和航运中心奠定了坚实基础。

（二）港口贸易日渐崛起

北宋以后，青龙港的河道及海口地形受到极大限制，水网逐渐遭到破坏。营田者不管航行的便利任意占水为田；经商者也不顾农田水利，大肆毁田拆闸以通船舶，结果导致江河淤塞，海岸延伸，水道狭窄，以至航行困难。到了宋末元初，原来很宽阔的吴淞江已经变得非常狭窄，吴淞江上游日益淤浅，下游日渐缩狭，海船无法停泊，往来海船已不能溯沪渎驶入青龙港口，港口不得不移至江苏太仓的刘家港（今称浏河），青龙镇一落千丈。

元末明初，青龙镇被官匪劫掠，民业渐衰。至明嘉靖年间，倭寇屡屡入侵，青龙镇遭焚烧掳掠，房屋和寺院大多被毁。至明末以后，镇上的名胜古迹已十不存一。明朝万历元年复县时，县治迁至唐行镇，青龙镇更趋衰落，更名为旧青浦镇，至新中国成立前沦落为乡村集镇。一晃数百年，青龙镇逐渐消失在历史的烟云中，然而在黄浦江畔，又一个新的码头开始崛起。

 王辉（青浦区博物馆馆长）：太湖地区本身经济比较发达，是丝绸和瓷器等产品的重要出口生产基地，需要通过青龙镇这个港口来承担出口的任务，转口到日本、朝鲜或者其他东南亚国家。

上海地区主要港口往东移到了上海镇，即现在的十六铺一带。俗话说，先有十六铺，后有上海滩。明清时期，这里成为货物集散中心，江面舳舻相接，帆樯栉比；江边店铺林立，人烟稠密，舟车辐辏，上海因而被称为"江海之通津，东南之都会"。此时上海除了大量的国内贸易，还是对日贸易的重要港口。公元1684年，上海设立江海关，上海港进出船舶倍增。据上海市档案馆编著的《上海名街》记录：清代乾隆以后，海禁开放，上海港由于优越的地理位置，成为当时中国南北洋航运贸易的联结点。

有文献这样记载："凡远近贸迁皆由吴淞口进泊黄浦"，这时的十六铺区域已经是中国最大港口，形成五大航线：（1）北方沿海航线（时称

图1-3　十六铺旧照

图1-4   十六铺繁茂的商业场景

北洋航线),通达天津、牛庄(营口)和烟台,主要运输工具为沙船,往来货物包括棉花、棉布、豆饼、大豆和豆油等;(2)南方沿海航线(时称南洋航线),通达宁波、定海、台州、温州、福州、泉州、厦门、台湾、潮州(汕头)和广州,行驶船只包括鸟船、蛋船和估船等,进出口货物主要有糖、燃料、棉花和茶叶等;(3)长江航线,通达镇江、江宁(南京)、芜湖、大通(铜陵)、九江和汉口等港埠,运输货物有大米、杂粮和木材等;(4)内河航线,通达苏锡常、杭嘉湖及大运河沿线各重镇;(5)远洋航线,通达日本、朝鲜及南洋群岛。

图1-5   松江的土布

上海松江的土布在明末的时候就已经非常出名了,松江土布从上海扬帆出海运抵日本长崎,在长崎成为非常受欢迎的中国商品。同时,上海的船只到了长崎以后,也把日本的商品运回来,主要是白银,也包括煤炭等矿产资源以及文化用品和折扇等。

公元1832年，英国东印度公司派阿美士德号到中国沿海寻求英国和大清开展贸易的机会。从福州和厦门沿海一路过来，阿美士德号观察发现，上海是南北贸易的中心地带之一，一个星期进出上海港口的南北船只就有400艘，其中一半来自北方，另一半从南面的福建、台湾、广东和暹罗等地而来。

1833年的《阿美士德号货船来华航行报告书》详细记录道："这是商业中心上海第一次被带入欧洲的视线中，以前对它的些许评价都是不相符的。上海拥有极大的对外贸易的优势，更难得的是，它还没有被人发现。"从上海出发，经由长江可通到内地，江南的水网可以通到苏州，通过运河来发展内陆贸易，这也是西方国家强烈要求上海开埠通商的重要原因。

图1-6　英国东印度公司阿美士德号货船

戴鞍钢（复旦大学历史学系教授）：长江口南北两侧的海底世界是不一样的，长江口以南都是礁石，长江口以北都是滩涂，所以对船只的要求也是不一样的。比如说尖底的船是不能走北方的航路，平底的船不能走南方的，所以需要找一个交换船型的港口，上海正是在这个交界点最理想的地点。

地处长江入海口、长三角的出海口、南北海运的航线中心和背靠长江流域富庶的腹地，上海得天独厚地成为东海之滨的重要港口，是开展中外贸易最为理想的地方。上海开埠后,十六铺港虽经发展,但终被现代化的上海港所湮没。海岸线在变,河道在变,但上海作为贸易港口的地位不曾改变。

 吴松弟（复旦大学历史地理研究所教授）：发展对外贸易必定要有一个很大的腹地,这个腹地必须是比较先进的,经济文化比较发达的,如果腹地范围太小,贸易无法做大；如果腹地很穷,没有市场经济不够发达,也没有办法做好对外贸易。正好上海所在的长江三角洲可以说是从唐朝安史之乱之后中国最发达的地方。

此时冒险家们纷至沓来,抢占上海滩,来自五湖四海的无数人从这里走上码头,融入上海。商贾、水手、传教士、外交官,甚至还有罪犯和投机者在此来来往往。

（三）贸易大港地位确立

1842年6月16日,历史的巨浪扑向上海,血腥而残酷。此时的中国已身处"三千年未有之大变局"。伴随着《南京条约》以及《虎门条约》的签订,除此前的广州,增设厦门、福州、宁波以及上海组成"五口通商"。新四口在分流了广州对外贸易份额的同时,也迎来了新的增长点。然而,从"五口通商"至太平天国战争初期的海关报告显示,厦门、宁波和福州三处通商口岸的对外贸易发展比较有限,上海虽有较大规模的发展,但与广州还有一定的距离。

图1-7 《南京条约》开放的港口及割让地

由于上海距离生

图1-8　上海租界的分布图

丝和茶叶的产地相对较近,加上太平天国运动打破了清政府的人为阻隔和破坏了向广州运送茶叶的道路,导致自公元1853年开始,上海的进出口贸易总额全面超过广州,在第一次鸦片战争、太平天国运动和第二次鸦片战争的刺激下,上海的对外贸易潜力逐渐显现,贸易大港的位置逐步确立。

上海在新增四口岸中逐渐脱颖而出,除了作为最初开埠通商的五个口岸之一的"天时",以及它襟江带海、坐倚富饶的长三角的"地利"之外,还有"人和",上海作为新开辟的口岸不像广州有根深蒂固的排外传统。当时的广州基本上延续传统,洋人居于城外贸易,不许进城。为了进城,英国驻华公使文翰和时任两广总督耆英及先后继任的徐光缙和叶名琛等反复交涉,当地士绅及人民坚决抵制,旷日持久。上海则气候宜人,本地人秉性和平,外侨在此受到尊重,外侨可以在不超过一天旅程的范围内到各处散步和骑马。作为一个居住的地方,上海比广州具备更多优点。由于上海较少排外的民风,列强与上海的地方官打交道比较顺畅。当广州在反复阻止洋人入城的时候,外国人在上海早已建立租界,形成了外国人社区。

公元1853年,太平军开始进攻上海,民间反清组织小刀会趁机发动起义,加剧了局势的动荡。虽然上海是当时的一个小城市,但却是英

图1-9　洋枪队队长华尔

国和法国的租界大本营,在当时被人们称为"十里洋场"。列强借机提出扩大租界的市政管理权,并改组海关,将上海的对外贸易完全纳入条约体制。面对几乎失控的局势,清政府只得接受,并且当时还有帮助清政府清剿太平军的洋枪队。

随着太平天国运动战火的蔓延,各地流民纷纷逃入相对安全的外国租界避难。公元1854年,租界当局开始向移民征税,房捐和地税等收入的增加使得各国租界鼓励各地民众进入,甚至后来包括两江总督在内的许多清朝封疆大吏也纷纷逃到上海,上海开始得到清政府的重视。太平天国对于同样信仰"上帝"的"洋兄弟"并不反感,而且大力支持长江流域贸易,为了增加收入甚至在南京下关一带设置了天海关,上海得到了史无前例的发展机会。在太平天国兵临上海前,租界里只有约500名华人,而当其逼近上海的时候,华人数量猛增至20 000人。对于当时的老百姓来讲,洋人比太平军更令人感到安全。

图1-10　旧上海租界

至1860年，太平军已经攻打了三次上海，却都被英军和法军拒之门外，如此一来，江南一带的经济和人力全部都加速流入了上海，为上海的经济社会发展积聚了巨大能量，从而进入了超级大发展时期。上海经历一次兵事，就更加繁荣一分，至1862年，上海已经有超70万人口，GDP更是增长到了650万银元。

1860年，上海的进出口总额增加至80 544 710元，比开埠初期增长了近16倍。英国和美国是上海的主要外贸对象，英国占据上海对外贸易的绝对优势地位。就各国船只进出上海港的吨位比重来说，1849年，进出上海港的船只吨位比重中，英国占比70%，美国占比24%；至1852年，英国占比49%，美国占比47%。

从贸易额来看，出口至英国的茶叶贸易额占上海茶叶出口贸易总额的54.1%，出口至美国的占比31.2%；出口至英国的生丝贸易额占上海生丝出口贸易总额的98.6%，出口至美国的占比1.4%。英国对生丝和茶叶的进口需求量都很大，一方面是由于自身需求，另一方面是因为当时英国同时进行将生丝和茶叶从中国销往欧洲的转口贸易；美国当时主要进口茶叶，对生丝的需求量相对较小，茶叶占中国出口美国的60%—80%，至1860年，茶叶还是出口美国的最大宗商品，其次是生丝及丝织品。1845—1860年，中美贸易增长的原因在于美国海运能力增强，往往船主即是贸易商；此外，美国国会于1846年通过的《新关税法》，为促进自由贸易对许多商品减免关税，如进口茶叶免关税，其他许多商品的关税平均为30%。

美国国会推行的《新关税法》实现了经由上海进行的中美贸易的较快增长。但美国仍没有能撼动英国在上海对外贸易中的绝对优势地位，原因主要有二：一方面是外交方面的原因，当时在美国对华外交态度方面，美国国务院和海军部出现了分歧，国务院试图通过加强对华外交来强化对华渗透，而海军部当时的注意力集中在日本，期望首先打开日本门户，故没有给国务院以充足的兵力支持，使得美国当时的对华外交包括贸易并没有得以深入；另一方面是因为19世纪60年代的美国正处于内战时期，美国国内的发展较快，中国的商业回报率相较于美国偏低，吸引了不少的资本回流，中美贸易上的往来也就偏少。

从出口商品结构来看，生丝和茶叶是主要的出口商品品类，1850年上海出口总额中生丝出口额的比重为52%，茶叶出口额所占比重为46%，杂货占2%；到1860年，生丝的比重进一步攀升至66%，茶叶的比重下降为28%，杂货的比重增长至6%。1846年经过上海出口的生丝占全国生丝出口总量的比重达81%，到1853年这一比重上升至92.7%，1855年生丝出口量为56 211包，到1858年增长至85 970包，生丝出口量大幅上涨；经过上海的茶叶出口量在1852年占全国茶叶出口量的61%，绝对出口量从1844年的1 149 000磅增长至1855年高峰值80 221 000磅，随后几年茶叶出口量有所下降，1860年茶叶出口量为53 463 800磅。

从进口商品结构来看，棉毛制品和鸦片是主要的进口商品品类。1843—1845年，由于洋商高估了棉毛制品的需求，并大量输入棉毛制品，导致销售停滞，1845年之后的进口贸易额持续下降，直至1853年才得以恢复；相较而言，出口贸易平稳增长。为了扭转贸易逆差之势，洋商们开始大量向中国走私鸦片，上海是洋商向中国输入鸦片的主要口岸之一；1847年从上海进口的鸦片估计为16 500箱，占全国进口量的49.6%；1856—1857年，经由上海入境的鸦片占到全国鸦片进口量的50%左右。在1857年之前，鸦片进口额超过了其他所有商品的进口总额，这种局面在1857—1860年有所改变，其他商品的进口额逐渐超过了鸦片，到1860年，其他商品和鸦片的进口额占进口总额的比重分别是64%和36%，贸易结构有所改善。

二、海运贸易的竞争发展

（一）海关管理体系的形成

中国最早于1685年设立海关，当时设了四个海关：广州的粤海关、厦门的闽海关、宁波的浙海关以及上海的江海关。上海开埠后，随着往来货运增多，上海港的贸易量急剧增加，江海关成为了清政府第一大关税来源，年关税收入超过130万两白银。自1853年起，江海关监管的进出口货值和进出境船舶数量均居全国首位，上海成为全国重要的通商口岸。

汉口路外滩的海关钟楼上的大钟曾是"亚洲第一大钟"，至今仍是上海标志性的建筑。但这栋大楼并非一开始就是这样的，它历经了四代变迁。最早的江海关在上海老县城内，公元1853年，小刀会占领了

图1-11　江海关旧照

图1-12 上海道台兼江海关监督吴健彰

图1-13 海关税务司李泰国

上海县城,上海道台兼江海关监督吴健彰逃入租界,为征收关税,他先后曾在浦东陆家嘴、苏州河北岸、闵行镇和白鹤渚设立临时海关,终因外国官商抵制和刁难,形同虚设,海关工作陷于停顿。外国侵略者逼得吴健彰走投无路,并策划了"海关引用外人负责办税务"。

1854年,英国、法国和美国三国领事与吴健彰签订《江海关组织协定》,由英国人威妥玛、美国人贾流意和法国人史亚实为司税,组成关税管理委员会,从此江海关的行政管理权落入了外国侵略者手中,洋人由此掌管中国海关半个多世纪。

1859年,南洋通商大臣何桂清任命李泰国为中国海关第一任总税务司,设总税务司署于上海。同年7月,李泰国指派英国人德都德为江海关税务司。至此,三国关税管理委员会自然消亡,英国独霸海关实权,外籍税务司制度正式在上海建立,随后,这一套制度逐步推行到全国各口岸海关。

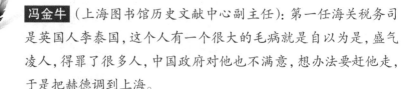

冯金牛(上海图书馆历史文献中心副主任):第一任海关税务司是英国人李泰国,这个人有一个很大的毛病就是自以为是,盛气凌人,得罪了很多人,中国政府对他也不满意,想办法要赶他走,于是把赫德调到上海。

1863年9月12日,英国人赫德受总理衙门任命为江海关税务司,兼管汉口、九江、镇江和宁波海关。同年11月15日,因李泰国擅自与英国海军的阿思本签订"李阿合同",被清政府总理衙门免去其总税务司职务，由赫德继任。到1908年赫德回国休假离职，他执掌中国海关长达47年，成为执掌中国海关时间最长的人。

 石良平（上海市人民政府参事）：赫德掌管了中国海关之后，从不好的方面来说就是他掌握了整个中国的关税进出口，掌握了中国整个进出口贸易的数据，好的方面就是他引进了一套制度，确实使整个海关的统计、稽查、税收和账单都现代化了，跟以前清政府时期差异很大。

在赫德执掌中国海关的半个世纪里，他移植了英国的财务制度和轮岗回避制度，还把行政组织、人事管理以及征税规范都置于一个严格和统一的系统内。从关员录用、升迁晋级和考核考绩等方面，赫德为中国海关引入了一套现代管理制度。赫德建立的海关管理制度对上海贸易发展产生了深远影响。

图1-14　海关税务司罗伯特·赫德

1. 明确总税务司的职权

总税务司将各地的海关行政和人事任免权集中于手中，对各地分关实行垂直统一领导。这种管理形式可使管理结构简单，命令统一，决策迅速，责任明确，指挥集中灵活，便于维护纪律和秩序。相对于其接手前的海关监督"徒具监管之名，向无稽查之责"而言，对整顿当时混乱不堪的内外贸易秩序确实起到了积极作用。

2. 创立新的人事制度

赫德要求每一个海关新人的录用都要通过考试。即使有赫德的介绍，亦不例外。录用按考试成绩和有无发展前途的次序，赫德坚持"不够格的一个也不要，就是总税务司的儿子也不例外"。赫德对属下的工作考核很严格，并与级别和待遇直接挂钩，定期考核以决定提升或辞退。总税务司为了管好海关工作，引进西方人事管理制度，最大限度地发挥关员的工作效率,这在当时中国是较先进的。

在赫德看来,关员收入由基本薪酬、激励薪酬和福利津贴三部分构成,薪酬与职务的重要性和工作难度相称,并充分反映关员的工作业绩。按当时生活水平,海关的工资待遇是很优厚的,远远高于清政府的其他机关同等公务人员,而且还有大幅度的增长前景,从而使得海关人员能安心本职工作,勤勉奉职。

3. 创立新的会计制度

在1865年以前,海关的会计账目只有一个笼统的类似中国传统的四柱清册式的总账。自1865年起,在曾经受过严格会计训练的金登干(James Duncan Campbell)的主持下,海关会计制度作了一系列的改革。这个会计制度在当时被誉为新的国库制度。经过赫德和金登干的严厉执行,过去那种账目不清且关税被各个税务司私吞的现象得以消除,不仅提高和理清了关税数目,同时也打击了贪官污吏的克扣之风。

4. 创立新的统计制度

赫德主持总税务司工作以前,中国海关还没编制过系统的贸易报告和统计。1864年,各海关曾编印一些规格不一的本关贸易统计。自1866年起,此项工作集中于上海进行,并于1873年又成立了贸易造册处,负责印刷各海关贸易统计季报和年报,编写贸易总报告。统计内容涉及中国财政、经济、货币和金融等各方面的资料,尤其是关于鸦片、茶、丝、黄麻和大豆等大宗进出口商品。这些统计十分细密,是非常珍贵的史料。

5. 创立稽查制度

为加强海关财务检查,在总税务司之下,专设掌管会计的稽查税务司。该部门总管辖海关的会计,并审查各地海关的会计,至少每年到各地巡视一次,副税务司驻留北京总司署负责审查各关报表。稽查税务司的权力很大,可随时检查财务状况,如发现重大情节,有权接管该关工作,以待总税务司指示。在赫德任职的近五十年里,这种情况发生的次数用一只手就可以数过来。赫德还制定了《会讯船货入官章程》来扼制猖獗走私的情况,它对于那些敢于为非作歹的人们来说,既是一种"有效的警告",又有助于树立一种稳重健全的风气,并使得无数案件尚未发展到有会讯必要的地步，就能潜消于无形。

赫德在任期间，使中国海关摆脱了以前混乱不堪、贪污成风的弊端，建立了合理一套合理的管理体制。在他的主持下，中国海关发生了翻天覆地的变化，海关的税收职能也得到充分的发挥，清政府的关税收入逐年增加。

> 戴鞍钢（复旦大学历史学系教授）：当时的中国不具备这样专业的海关管理经验的官员，所以只能有求于洋人，赫德基本上还是一个比较尽职的海关领导者，之前中国的海关就是人治，而不是法治，海关关税的征收很多是随意性的，这个对海关贸易的来往、拓展海外的进出口贸易都是相当不利的，近代的海关制度就是通过赫德引进中国的。

令人痛思的是，赫德掌控的中国海关竟是清政府中最清廉的衙门。到1899年，清政府财政收入的1/3来自海关税收。赫德执掌的海关，洋货进口实行"值百抽五"的税率。这是当时世界上最低的关税，使得大批商船满载着洋货，来华淘金。这些船带来的不只是贸易，还有无数中国人从未见过的商品与机遇。

外籍税务司把西方国家严谨、科学、合理的文官制度引入中国海关管理体系，引领了上海贸易领先全国的规范化和法治化历程。在进出境货物和物品监管方面，上海海关形成了较为完善的申报制度和验估制度；在征收关税方面，形成了税则归类和估价制度；在统计方面，积累了大量宝贵的贸易统计资料；在缉私工作方面，制定了审理案件规程，这些制度对整顿当时混乱不堪的内外贸易秩序确实起了积极作用。

（二）航运、竞争、商战三足鼎立

船商不仅在上海航运业中居于中心地位，而且发挥出领袖百业的作用。曾经上海航运靠的是人工操控的沙船，最发达的时候，上海港有5 000艘以上的沙船。然而开埠以后，在外商轮船的挤压下，上海的沙船数量急剧下降。1858年的《天津条约》和1860年的《北京条约》签订后，除五口开放之外，又增开了多处商埠，外商货轮得以直入长江。外国商船跑得快，装得多，运价又便宜，中国的航运业很快就衰落了。

　　熊月之（上海社会科学院研究员、复旦大学特聘教授）：西方轮船是以机器为动力，载重量比较大，通行速度比较快，能够适应的地方也比较多，因此能够获得巨大的利润，使得我们原来自己的木船受到了影响，很多运输方面的利润被外国掠夺去了。

　　漕粮是封建社会时期国家财政很重要的保证，每年大量的漕粮从南方运到北方。如果漕粮的运输也被西方船队抢夺去，那么，中国整个贸易就完全掌控在西方商人的手中，所以，当时有很多有识之士提出一个问题，我们要有自己的船队，不能听任西方的船队在我们的海岸线肆无忌惮地到处航行。

　　以李鸿章为首的洋务大臣力主创办轮船招商局，要在中国航运业争一杯羹，避免航运的利益全部被洋人所占，同时兼运官粮，如果一旦发生战争也可以运兵马和军火。虽然在集资购买轮船、自办航运上认识一致，但在经营方针上，官商两界却产生严重分歧。以李鸿章为代表的"洋务派"官僚认为，首先应该满足朝廷用粮运输，以漕运为首，而商界则坚持把揽载放在首位，积极参与商业竞争，与外国轮船争利。

图1-15　轮船招商局

　　否定了商界"商本商办"的主张之后，1872年12月26日，清政府批准设立轮船招商局，这是洋务运动中第一个"求富"的企业。李鸿章请来一个亦官亦商的沙船巨富朱其昂，主持轮船招商局的开办事宜。朱其

昂提出商人集股、官方经营的策略，称作
商股官办，但这样的政策主张未能获得商
人的支持，没有商人来投资轮船招商局，
轮船招商局无法如期完成第一年筹集50
万两银子的计划，加之朱其昂缺少管理经
验，也缺少和外商打交道的经验，又不善
于经营新式航运，轮船招商局很快就陷入
了无股可招和无钱可用的困境。在朱其
昂任职的一年多的时间里，轮船招商局发
展得非常缓慢，因而李鸿章开始尝试"官
督商办"，这一应对之道正是出自其幕僚盛宣怀。

图1-16　盛宣怀

> 此类创举，责之民办，而民无此力；责之商办，而商无此
> 权；责之官办，而官不能积久无弊。惟有商集其资，民鸠其
> 工，官总其成，而利则官与商、民共之。
>
> ——盛宣怀《湖北煤厂试办章程八条》

　　李鸿章任命唐廷枢为轮船招商局总办，相当于总经理，任命徐润和
盛宣怀担任会办，相当于副总经理。唐廷枢是上海怡和洋行的买办，徐
润是宝顺洋行的买办，他们两人不仅外语能力强，在商界也有很大的号
召力，尤其是唐廷枢被称作"中国买办第一人"。

　　唐廷枢是广东香山人，从小在香港受到系统的教育，所以他会讲一
口流利的英语，跟外国人打交道完全没有障碍，甚至于外国人称他为地
道的英国人，再加上他有买办的经历，而且又担任过北清公正轮船公司
的华籍董事，自己也在筹办轮船公司，非常有经验。

　　唐廷枢到上海的第一招，就是把原来设在永安路的轮船招商局迁至
英租界内，并呈请李鸿章将"轮船招商公局"更名为"轮船招商总局"。
"公局"改为"总局"，一字之差，实质是改变招商局的经营方针，变"官
办"为"官督商办"，大大消除商界的顾虑和疑惑。唐廷枢还率先投入个
人巨额资本8万两，并动员亲戚朋友大量入股，唐廷枢自己本来跑香港

图1-17　唐廷枢

和上海运输的四条船和轮船公司,也都作为本钱折价给了轮船招商局,这样一来,上海的商人信心大增,招募商股进展顺利,章程规定,每百股举一商董,由诸商董中推举一名商总,总局和各分局分别由商总和商董主持,使投资人对局务有一定发言权,大股东享有经营管理权。募股书还明确了资金使用、盈利和回报,结果商人们蜂拥而至,一下就募到商股50万两,轮船招商局的资产很快就扩张了,运输能力增加。

1873年7月,脱胎换骨的轮船招商局开始了新的征程,既拉官府漕粮,也做民间航运生意。"商"有充足的资金,"官"有强硬的后台,互利双赢。随着轮船招商局首次航行内河,航线从上海经镇江、九江到汉口,英美轮船公司独霸中国"黄金水道"的局面从此改变。轮船招商局开辟了从上海到汕头的中国第一条沿海航线、从上海到汉口的第一条长江航线和从上海到日本神户的第一条远洋商业航线,以上海为中心,轮船招商局的航线将中国各通商口岸连为一体,也将中国与世界更紧密地联系起来。

图1-18　太古轮船

然而轮船招商局的成功触动了其他商船的既得利益,引起了外国轮船公司的嫉恨。美国旗昌、英国的怡和以及太古三家联合起来和轮船招商局打贸易战,采用的是最原始的做法——压价,其中

图1-19　怡和轮船

资格最老的旗昌公司,一下子就把运费打了七折,最低的时候他们的运费甚至降到原来的一成,不惜血本,目的是把轮船招商局排挤出去。

刚刚起步不久的轮船招商局也只得降价应战,招商局自己的秘密武器其实只有两个字——漕粮。早在创办之初,盛宣怀就已向朝廷讨来了每年40万担漕粮的运单。盛宣怀把国家的生意拉回到自己的船运口袋里来,漕运是各地的政府向中央交纳的粮食,交给哪个船队来经营、来运输,都是地方政府的大官说了算。这时候,盛宣怀就是挨家挨户地去访问,既用了李鸿章的牌子,申明以国家大义,同时也用了经济手段。有了漕粮生意在手,招商局已经可以保本。于是盛宣怀下令:"以斗求和,决不示弱。"他深知,如果一再示弱,听任外商为所欲为,中国企业就永无出头之日。

靠官商协同,依仗每年40万担的漕粮垫底,招商局与洋商打了三年商战。盛宣怀发现,怡和和太古虽然联手,但也有利益冲突。于是,他主动出击,时而拉太古攻怡和,时而拉怡和夹击太古。到了第三年末,偌大的招商局年盈利仅白银一万多两,局中一片哀叹。盛宣怀虽忧心如焚,但他料定对手的日子也绝不好过。胜负就在谁挺得住。果不出他所料,没几天,怡和和太古就一起来找盛宣怀求和了。到1876年底,对手几乎到了无利可图的地步。始作俑者旗昌更是亏损严重,股票大跌。旗昌损失惨重,只能出售全部船产,收缩了在华的轮船业务,而唐廷枢比较敏锐地抓住了这个机遇,收并旗昌轮船公司,无形中消解了一个对手。

轮船招商局当初只有7厘的盈利,在这么低的盈利情况下,怎么拿

得出200万两白银来把旗昌轮船公司买下来呢？盛宣怀给李鸿章写信求援，说为了并购旗昌，两个月内一定要筹集首付资金100万两，希望得到中央政府的帮助。李鸿章回答，旗昌应该买，至于筹款问题，请找地方政府想想办法。

在当年的洋务运动中，盛宣怀被人称为"挟官以凌商，挟商以蒙官"，这话虽有些刻薄，但是他穿引于朝廷民间和游刃于官场商场，确实是长袖善舞，左右逢源，这也帮他做成了很多事情。扛着李中堂这面大旗，在南洋大臣沈葆桢的支持下，盛宣怀奇迹般地在两个月内凑足了100万两首付款，买下旗昌所属全部轮船和码头，成立仅4年的轮船招商局一举收购了财力雄厚的美资旗昌轮船公司的全部产业，一时间轰动了整个航运界，这也是中国企业第一次通过竞争并购庞大的外国企业，还直接从外商手中收回了部分中国江海的航运权。1877年3月1日的《申报》上，两家公司在同一版面上发表声明，凡是旗昌的旧客户一律转到招商局名下，并享受同等的服务。

旗昌轮船公司7艘海轮、9艘江轮以及大量的趸船和驳船，共27艘，还有码头、栈房、船坞和铁厂等，都降下了星条旗，升起了鲜艳的黄龙旗，轮船招商局成为中国规模最大的轮船公司。几乎在一夜之间，招商局的轮船骤增20艘，总吨位是以前的两倍以上，超过任何一家外商在华轮船公司，招商局的实力和名声大振。盛宣怀用200万两收购旗昌轮船公司，仅用了4年就收回全部本钱，而且除了几个大都市，整个长江沿岸，都有了新的码头、新的货栈。鼎盛时期，以上海为中心，轮船招商局的航线向东至日本和美国，向西过南洋经苏伊士运河直抵伦敦，覆盖了大半个地球。

招商局收购旗昌码头和金姓4个码头后，统一命名为金利源码头，又名南栈码头，并沿浦滩兴建13座浮码头，这就是十六铺码头的前身。后又因招商局扩展业务，对十六铺码头进行了大规模的扩建，从此该地成为上海最大的商业中心和交通运输枢纽。这是1880年的外滩，这片滩涂已有相当的规模，吸引着世界各地的淘金者。那时的外滩就是个大码头，与十六铺相连，黄浦江上每天有近300艘外轮停泊，这些外国轮船公司承揽了中国沿海、长江乃至远洋的航线。

图 1-20　1880 年的外滩

　　1883 年，上海发生了金融危机，很多新办企业陷入困境，轮船招商局也不例外，李鸿章在经济和政治双重压力下，于 1885 年重组轮船招商局，任命盛宣怀为督办，官员出身的盛宣怀在任督办期间一直保有官职，与商人相比，他显得官气十足，习惯官场作风；与官员相比，他又更像商人，不乏维护商人利益之举。

图 1-21　轮船招商局的轮船

收购旗昌使招商局向前迈进了一大步,形成了和英商怡和及太古三足鼎立的局面。日益发展的招商局更激起了怡和和太古这两个老对手的敌意,联合起来对付轮船招商局,1890年1月,三家轮船公司的降价大战再一次拉开大幕。

1893年4月,三家斗了多年的老对手终于又坐到了谈判桌边,他们再一次签订了齐价合同。在这份合同中可以清楚地看到,盛宣怀的轮船招商局最终成了大赢家。招商局获胜的消息传出,中国商民一片欢呼。黄浦江上中国轮船同时鸣笛庆贺。此时招商局的商船往来穿梭在长江内河和一些沿海城市,迎来了自己的黄金时代。

(三) 上海对外贸易的持续增长

随着长江内河航运的快速发展以及第二次鸦片战争后南京、汉口、牛庄、登州和天津等新口岸的开放,上海在全国贸易尤其在对外贸易中的地位显得更加突出,上海的对外贸易迎来了快速增长的时期,上海对外贸易总额从19世纪60年代的年均7 004万海关两增加到19世纪90年代的年均13 196万海关两,增速明显。1864—1894年,按照进口到岸价计算的上海进口总额累计为233 451万海关两,按照出口离岸价计算的上海出口总额累计为268 644万海关两。

这主要得益于四个方面:第一,国内战争平息,自强求富的洋务运动开始启动;第二,长江口岸数量和辐射面不断增加,上海的华、洋商人在各开放口岸设置诸多分支机构,并在长江航运业上大量投资;第三,上海近代对外贸易体制的初步形成及逐步完善;第四,世界技术变革带来的交通以及通信的巨大进步,1871年后,中国与欧洲之间可以直接用电报

图1-22　1871年的大北电报公司

进行联络，保证了信息能够快速准确地送达，给对外贸易带来了深远的影响。1874年上海的商业报告写道："由于银行和电报的便利性大大提高，欧洲大陆丝商可以直接从中国采购其所需的大部分生丝，而不再需要向伦敦市场转购了，去年直接运往欧洲大陆的生丝约占全部出口的一半。"

一个很好的例子就是：如果在上海市场上买到生丝，立马就可以在伦敦的市场上卖出，并且苏伊士运河的开通从根本上改变了上海对外贸易的方式。在苏伊士运河开通以前，中英之间的贸易需要绕道好望角，整个航程大约120天。1869年11月17日苏伊士运河开通以后，航程缩短至仅需55—60天，这样可以最大程度地保证货物的新鲜度，并且运费也更加低廉。

从主要贸易国来看，英国及其殖民地是这个时期上海对外贸易的主要对象，欧洲大陆在上海的出口贸易中地位蹿升，美国在上海对外贸易中的地位有回暖之势。

19世纪70年代以前，上海对欧洲大陆的对外贸易多经由英国转口，当时进口量最大的商品——鸦片，也多来自英属印度；1864年，上海对英国本土的进口额为11 311 964海关两，占上海进口总额的33%；对香港的进口额为1 922 092海关两，占比6%；对印度的进口额为16 134 995海关两，占比48%；上海对英国的出口总额为25 484 654海关两，占上海总出口额的84%。

19世纪70年代后，电报的使用和苏伊士运河的开通，上海与欧洲大陆的直接对外贸易激增，英国的贸易地位有所下降；至1894年，上海对英国本土的进口额为29 138 061海关两，占上海进口总额的30%；对香港的进口总额为21 837 233海关两，占比23%；对印度的进口额为19 929 092海关两，占比21%；上海对英国本土的出口额为8 575 575海关两，占上海出口总额的比重为15%；对香港的出口额为7 252 078海关两，占12%；对印度的出口额为2 542 592海关两，占比4%；不管是在进口贸易还是在出口贸易方面，英国对上海的外贸地位都有所下降，但可以看出，英国仍是上海进口贸易的主要对象。

美国在上海的对外贸易中地位有所上升，占上海进口总额比重从

1864年的1%上升至1894年的9%，占上海出口总额的比重从1864年的8%上升至1894年的19%；随着19世纪八九十年代美国对东亚关注度的提升，美国对上海的外贸发展有所回升。上海对欧洲大陆的进口贸易呈现微弱的增长之势，对欧洲大陆的出口贸易增长明显；欧洲大陆占上海进口总额比重从1864年的0.3%上升至1894年的6%；占上海出口总额的比重从1864年的4%蹿升至1894年的32%，在出口额比重方面超越了英国，成为上海出口贸易的主要对象。

从出口商品结构来看，本时期上海出口的商品品类仍是以生丝和茶叶为主，杂货品在上海出口贸易中的地位有所提升。在印度和日本等国生丝和茶叶等品类的竞争下，上海出口的生丝和茶叶贸易额占上海出口总贸易额的比重由开埠初期的90%有所下降，但直到1894年，生丝和茶叶在出口额中的比重仍是超过50%的，生丝和茶叶仍然是上海出口贸易的主要商品品类，而且生丝始终是上海最主要的出口商品，由于上海靠近湖州和南浔等著名生丝产地，有独特的地理优势，所以上海成为生丝的主要出口港。

经由上海出口的生丝贸易额占全国生丝出口总额的比重在19世纪六七十年代就已达到70%，在八九十年代开埠口岸不断增多的情况下该比重仍然占到60%以上，到1894年这一比重达68.7%，上海在生丝出口方面的优势明显。除了生丝和茶叶以外，19世纪80年代后期，草帽辫、豆类、皮毛类、籽类、植物油和原棉等杂货品的出口贸易额有所上涨，至1893年，四川的猪鬃、湖南和河南的牛皮和皮革等杂货品经由上海出口的贸易额占上海总出口额的比重达37%。航运商战期间，随着长江口岸及其航线的开放和开辟，上海从原来以江南地区为腹地拓展到以长江上游为原料来源地，原本重量上不占优势的杂货可以通过轮船出口，杂货在上海出口贸易中的地位日益提升。

从进口商品结构来看，棉纺织品超越鸦片成为最主要的进口商品品类，糖、米、煤油和五金四类商品进口额显著增加。19世纪六七十年代，鸦片仍是中国进口的最主要商品，占中国总进口额的40%以上；19世纪80年代鸦片的进口额占比在30%左右；至1893年，鸦片的进口额占比为20%，此时棉纺织品的进口额占比已达30%，超越了鸦片的进口额。上海仍是鸦片进口的最大口岸，19世纪七八十年代，进口中国的鸦片中有70%都经由上海；但也有缓慢下降之势，至1894年，经由上海进口的鸦片占全国的57%。

从绝对数来看，1871年，上海进口鸦片41 984担，1894年下降至35 804担；从商品进口量占上海总进口额的比重来看，1860年，鸦片进口额占上海进口总额的48%，棉纺织品占比44%；1894年，鸦片占比19.8%，棉纺织品占比43.7%；鸦片在进口贸易中的比重不断下降，到19世纪90年代，棉纺织品已经超越鸦片成为上海最主流的进口商品。

本时期糖、米、煤油和五金的进口贸易额显著增长也是一个值得注意的变化，至1894年，上述四类商品的进口额占上海总进口贸易额的比重超过20%，其中糖的进口贸易额占上述四类商品进口总额的30%以上。此外，从19世纪80年代开始，国内棉纺厂和毛纺厂的增加，使得对机械设备的需求增加，至1894年，经由上海进口的机械设备占上海总进口额的比重为6.4%，显示了上海近代化进程中的阶段性进展。

繁荣的贸易塑造了这座城市，也塑造了这座城市中的人。来自全国各地的冒险者不远万里从四面八方纷纷涌入这块风水宝地，他们在这里不断开疆拓土，闯荡淘金，也不断回馈社会。他们的成功在上海贸易史上留下了浓墨重彩的痕迹。

三、甲午战争后对外贸易的快速发展

（一）对外贸易的基础性条件持续改善

贸易基础条件的优化主要得益于航运的持续快速发展、铁路交通网络的不断完善和电讯事业的快速发展。信息流和物流交互条件的改善，使得上海的贸易环境独具魅力。

1. 航运的持续快速发展推动了贸易发展

20世纪的前10年，上海的航运发展较为迅速。1902年，上海港进出口总吨位数是11 812 535吨，其中英国占比48%，中国占比15%，日本和德国占比都是14%；1911年，上海港进出口总吨位数达18 179 472吨，其中英国占比下降至40%，日本占比上升至22%，中国占比17%，德国占比9%；这十年里，上海航运总体增长53.9%，尤其是日本在上海的航运和贸易中所占比重都有较为明显的增长。海运的快速发展为上海内外贸易的快速发展提供了强大支持。

2. 铁路交通网络的不断完善助推了贸易的迅速增长

1895—1911年，中国修建的铁路达9 253.83千米，一些主要的铁路如中东、京奉、沪宁、津浦、胶济、平汉和广九等，都是这一时期内建成的，为贸易的发展带来了极大的便利。1897年，被拆毁近20年的淞沪铁路被重新修复，并于公元1898年9月1日通车，全长16.09千米，为沿途一系列乡镇的发展带来了重要契机。随后，1907年，沪杭线日晖港支线建成；1908年和1909年，沪宁和沪杭两条线路也相继开通。铁路交通网络的不断拓展和完善，不仅拓展了上海的城市空间，也改变了上海传统的以水道为主体的对内、对外交通方式，上海逐渐确立了在长三角区域中的中心地位，在为上海进口的商品向内地倾销提供便利的同时，也助推了上海的出口货物成倍增长。

图1-23 淞沪铁路示意图

3. 电讯事业的兴办进一步彰显了营商环境的魅力

至甲午战争前后，由上海发出的电报北可达北京、南可抵广州、西可至汉口、东北可到山海关，上海成为连接国内电讯的重要枢纽；在国际电报通讯方面，至1897年底，上海已实现与东南亚、日本和欧洲等地的直接通报，除了有海底电缆，还有上海、北京至恰克图及西伯利亚陆线。此外，上海也率先开启了无线电通讯的步伐，1908年，上海设置了崇明和吴淞电报台，同时在这两处成立了无线电报局，并在汇中饭店建成了中国近代首个商用无线电台。电讯网络的不断优化使得上海逐渐成为全国最重要的通讯中心，电讯事业的发展彻底颠覆了传统邮路不通畅而导致的商情闭塞的境况，为国内和国际商情的传递和沟通创造了极为便利的条件，进一步优化了上海的营商环境。

（二）对外贸易体制的国际化程度加深

对外贸易体制的国际化主要体现在海关、洋行、买办和华商等各外贸环节中的一系列活动和改革。

1. 海关变革提升了通关效率，进一步助推贸易发展

海关变革主要表现在海关的功能不断拓展，兼办了较多的近代业务。1888年，江海关试办关栈，进出口的货物在通关前可以暂时放在关栈，享受暂不缴税的待遇，节约了货物存储成本，关栈因此得到了很多企业的青睐。除此之外，海关凭借着强权和高效率，获得了清政府的

配合,将通商口岸25里以内的常关税也归于海关管辖。自1896年起,海关开始兼办邮政,税务司雷乐石(L. S. Rocher)兼任邮政司,到1907年其分支机构发展至2 800处,辐射范围较广。1898年3月1日,清政府以厘金举债,4月21日委托江海关征收厘金,并解缴偿债;同年6月6日,清政府批准英国轮船途经内港的要求,并指定江海关管理并签发内港执照。江海关于1899年4月取消了内河轮船组,原本由工部局和公董局负责征收的码头捐也开始由海关负责办理,并成立了码头捐组。1904年,清政府进一步授权江海关掌管商标登记管理业务,且此项业务直至南京国民政府成立一直都由海关负责。

为了适应贸易增长和海关功能的增加,海关的人员数量也在不断增加。1891—1901年,征税科总工作人员数从448人增加至659人,增长25%,其中内外班洋员由97人增至127人,海班洋员由8人增至24人;船钞科总工作人员数由133人增加至200人,其中洋员由29人增至51人;邮政局这块业务的增设又相应地增加了168人,其中洋员23人。截至1902年7月,上海的征税科、船钞科和邮政科的工作人员总数增加至1 027人,相较于1892年增加了一倍。从江海关职员中洋员的占比来看,1875年江海关职员总数353人,其中洋员达86人,占比24.4%,1914年洋员占比达到30.6%,且洋员大多占据要职,华员的职位相对较低。

从海关功能的不断拓展及海关工作人员中洋员占比的不断攀升可以看出,近代海关总体上是由外人把持的,且呈现出国际化或半殖民地程度加深的特征。外国人通过海关及其代办的近代事业,增强了对清政府的渗透和影响,保障了他们自己的利益;但同时也应注意到,洋关大多数较为清廉,移植了相对系统性程度更高的西方管理制度,清政府切实地感知到了随着洋关制度引入而带来的税收增加的益处。总体来看,洋人对海关控制程度的加深,在损害了中国主权的同时,它的一系列改革措施也确实增强了通关效率,使得上海的外贸在战乱时期继续维持,推动了贸易发展。

2. 洋商经营方式转变,华商在外贸中的重要助推作用不断凸显

从开埠初期到19世纪90年代,上海洋行多数属于经销商、代理商

和贩运商。例如,怡和、旗昌和宝顺等都是集航运、贸易、保险和金融于一体的综合型洋商,它们实行的贸易方式是一揽子贩运;仁记、和记、义记和公易等属于代理商,通过推销西方厂商生产的棉纺织品和杂品换回中国金银、丝茶和杂货。甲午战争后,列强获得了在华投资设厂的特权,洋行的经营方式开始转变为投资型和集团型,形成了太古、慎昌、礼和、三菱、怡和、卜内门、沙逊、永兴和三井等大集团,还有一些专营石油、汽车、飞机、影片、烟叶、化工西药、纸张、肥皂和机器等的专业性进口洋行,以及经营蛋制品、丝茶、皮革、肠衣、花边抽绣、猪鬃和羽毛等的专业出口商。

从20世纪开始,一些较大的资本主义垄断性跨国企业开始与上海洋行建立定牌包销和独家代理的商业关系,例如,德国柏林大药房的药品由德法洋行包销,美国凯迪拉克汽车由享茂洋行专销,慎昌洋行代理美国多家工厂的机电产品;还有一些跨国公司直接在上海设立自己专门的贸易公司或者销售洋行,例如,美国杜邦化工集团在上海开设恒信洋行专营自家生产的颜料、丝光皮、橡皮布、油漆和火药等,英国卜内门公司在上海设立卜内门洋行经营自家化学品进口和中国土产出口,英国茂成洋行在上海设分行经销自家的榨油机、挖泥机和起重机等重型机器,德国汽车业在沪开设西门子洋行、颜料业在沪开设德孚洋行,比利时7家钢铁公司在沪开设比国钢铁联合公司等都是为经销自家产品而专设。这些洋商利用买办所拥有的遍及城乡的销售网络,将其产品倾销至上海各处。本阶段内,洋商经营方式最主要的变化在于通过在华直接投资进行资本输入,进而利用买办的销售网络进行商品和文化输入,买办在此阶段是上海外贸不可或缺的环节,他们在上海对外贸易发展中的助推作用不断凸显。

（三）民族资本买办商业登上贸易舞台

1. 宁波商人与宁波商会

在近代披荆斩棘、奋发进取的移民潮中,大批宁波人脱颖而出,一代代宁波人前往上海"淘金",甬沪之间移民潮经久不衰。"小白菜,嫩艾艾,老公出门到上海;上海末事带回来,邻舍隔壁分眼开;小白菜,嫩

图1-24　宁波商会

艾艾,老公出门到上海;十元廿元带进来,介好老公阿里来?"这首名为
《小白菜》的民谣广泛流传于近代宁波社会,相当生动地刻画了宁波人
对近代上海的印象以及两座城市的关系:上海意味着财富,是创业赚
钱的地方,而宁波是生活的地方,是上海的后花园。

　　据统计,清末在上海的宁波人已达40万人,在这个海纳百川、五方
杂处的移民城市中拔得头筹。由于宁波移民众多,以至于上海被称为
宁波人的第二故乡,宁波则被称为上海人的外婆家,几乎每一家宁波人
都有上海亲戚。直到今天,上海人当中宁波裔的人仍然占据了很大的
比例。宁波人对近代上海的崛起有着重要的作用与贡献,而上海则是
成就近代宁波人辉煌的大舞台,两者之间的关系相当密切。

　　开埠初期,上海实行"以货易货"制度,英商"可比售取现钱获得
更高的名义价格",上海的兴起抢走了昔日贸易大港宁波的饭碗,而宁
波人则如潮水般涌入上海,在近代上海急速发展而形成广阔移民空间
的历史契机中,宁波人捷足先登了这块充满发展机会和潜力的宝地。
上海意味着机会,上海意味着希望。上海是宁波人创业的大本营,宁波
商人在近代上海金融、贸易、工商、航运、文化产业和慈善教育等领域贡
献卓著,"无宁不成市"之盛名享誉时代,加之以"苏浙财团"的雄厚财
力作为发展基础,宁波帮在上海社会经济领域居于"王者"地位。

　　宁波商人不仅在上海创立了中国无数个第一,而且在上海总商会、

图1-25 宁波商人严信厚   图1-26 四明公所

上海钱业公会和银行公会等上海最重要的经济团体中具有举足轻重的地位。1897年，我国第一家新式银行中国通商银行正式成立，被誉为宁波商帮第一人的严信厚出任第一任总经理、总董和上海分行董事长，1908年他又创办了四明银行。严信厚还与周晋镳共同创办宁波通久源纺纱织布局，于1896年正式开工，通久源创办时有17 000多枚纱锭，布机216台。1905年，严信厚又在上海创办同利麻袋厂，并投资于麦粉厂、榨油厂和内河轮船等工业交通事业。有近代中国第一商会之称的上海总商会也是由宁波商人严信厚发起创办的，此后会长一职几乎悉数由宁波商人担任，而会董人数盛时其中的宁波商人也达一半以上。对此法国著名中国近代史学者白吉尔夫人调侃说上海总商会只能说是四明公所（宁波同乡团体）的一个分所。

宁波商人是推动上海乃至中国经济近代化发展的重要力量，对上海确立中国经济中心地位发挥了极为重要的作用。著名的上海本地商人穆藕初感叹道："上海是全国的经济中心，如此大的成就完全是宁波人的功劳，所以上海是宁波人的上海。"

上海不仅是近代宁波人创业的大本营与大舞台，而且还是近代宁波人走向全国和走向世界的桥梁。近代以来，很多宁波籍精英成长与成才的背后几乎都有"上海元素"的作用，此不独商界为然。旅沪宁波商人作为近代重要商帮，在为上海成为中国工商贸易中心作出贡献的同时，也对家乡进行反哺，开创了沪甬经济上的"双赢"局面。在上海成就事业的宁波商人大多具有强烈的家乡情结,他们发迹后热衷于家乡建设,他们为宁波带来了资金、技术和人才,更带来了新的思想和观念,从而成为宁波近代化的强大推动力量。当代著名宁波帮企业家、慈善家李达三的叔公李志方,长期在上海担任日本轮船公司买办,由于受日本人的影响,特别重视教育与卫生事业,先后在家乡东钱湖莫枝创办学校和医院,又发起"厕所革命",将原遍布村中的茅坑集中一处,并加以隔离,同时努力改善饮用水,为偏僻的山村带来一股清风。

宁波商人不仅在风云际会的近代上海令人瞩目,如今仍能腾飞于世界。宁波商人在上海开埠初期即涉足于洋布和呢绒等新式商业。1853年,宁波药商蔡同德集资2 000两,在南京路抛球场开设恒兴洋布店。1853年,慈溪人孙增来在南京路河南路路口开设增泰洋布店。1854年,宁波世家翁某在南京路河南路路口设大丰洋布号,成为最初一批从旧式商人向新式商人演进的典型。1858年,在沪上15家洋布店中,宁波人开设的就有5家,占1/3。19世纪六七十年代后又向五金、洋油和西药等部门拓展,并利用钱庄和银行大量向上海导入资本,扩大对工业贷款,方便资金的融通。"过账制度"是宁波商人金融制度创新之一,这种在同业中以票据汇划为特点,不以实银直接兑付的制度已经带有近代银行业的某些特征。19世纪末期,在外资银行的刺激和示范下,中国民族资本新式银行也方兴未艾。宁波商人先后创办或参与创办的就有中国通商银行、交通银行、四明银行和中国实业银行等30余家,严信厚、叶澄衷、朱葆三、孙衡甫、谢光甫和傅筱庵等都是其中的重要角色。甲午战争以后,随着民族资本主义的兴起与发展,宁波人又大量投资于新式企业。

熊月之(上海社会科学院研究员、复旦大学特聘教授):很多来到上海的宁波商人本身都是家境贫寒、吃苦耐劳、善于学习的一些人,1893年,上海举行开埠五十年大庆。五十年大庆当中有两帮人最积极,势力最大,一帮就是广东商人的广东帮,还有一帮就是宁波帮。广东是一个省,宁波是一个府,宁波人竟然可以跟广东人旗鼓相当。

初入上海的宁波人比较多的是入各种店肆当学徒、跑街、当船员、进工厂做工、当裁缝以及家庭帮佣等，宁波人来沪谋生的一个明显特点就是，一般都有同乡提携介绍就职，这与江北和淮北很多由于灾荒等原因逃荒进沪的情况有所不同。宁波帮是中国近代最大的商帮，是中国传统"十大商帮"之一，为中国民族工商业的发展作出了贡献，推动了中国工商业的近代化，如第一家近代意义的中资银行、第一家中资轮船航运公司、第一家中资机器厂等，都是由宁波商人创办的。

宁波帮财力虽则不及山西帮，但谨慎、精密和勤俭，没有一点顽固，宁波帮是进步的；又虽没有广东帮那么果敢决断，能在国外国内活跃，但宁波帮却是稳健而务实的，和广东帮正旗鼓相当。《上海近代经济史》载："为了寻找新的市场，宁波人几乎可以把势力楔入到上海进出口贸易的各个行业中去。原来由广东帮控制的买办圈子以及洋杂货业、丝业、洋布业等，他们无不厕身其间，并逐渐扩张势力范围，占据领先地位。"

2. 宁波帮买办的先驱——穆炳元

早期上海的大买办都是从广州而来，穆炳元则是近代上海历史上宁波帮的第一个买办。穆炳元生于浙江省宁波府定海县（今舟山市定海区），本是清军水手出身，受过一定教育。在定海战役中，穆炳元被俘，英国人没有杀他，安排其在英舰上打杂。其间，英国人看他年轻机灵，做事勤快仔细，就教他学习一些用于日常交流的英语；头脑灵活的穆炳元顺便还学到了英国人做生意的方法和技巧。

1842年6月19日，经吴淞口之战，英舰开进黄浦江，几乎没有遭遇任何抵抗，英军攻陷上海。跟随英军一起进入上海城的就有穆炳元，英军头目看到穆炳元懂些英语，又善于与人打交道，于是经常把他带在身边，让他担任翻译，甚至对他信任有加，派他代为处理一些事务。穆炳元借此机会，开始了他当买办的生涯，成为开埠后上海的第一个新型买办，被称为"上海买办始祖"。

上海刚开埠对外通商时，由于中西长期隔绝，前来做生意的外国人与中国人交易时感到种种不便。于是，既熟悉国情又懂英语、善于处理琐务又颇得外商信任的穆炳元，自然被派上更大用场，他包揽了中英在上海的一切外贸交易,特别是时常担任大宗交易的中间人。穆炳元还收洋货运往宁波和浙东其他地方,也曾到过汉口、九江、牛庄和烟台等地从事商业活动。据姚公鹤的《上海闲话》记载:"无论何人有大宗交易,必央穆为之居间。"成长为职业买办的穆炳元,在华洋交易中敛财有方,积攒成巨富,一跃成为上海的头号闻人。

上海开埠一年内,设立了11家英美商行常驻上海。因业务繁忙,应接不暇的穆炳元不仅自己充当买办,还广收青年当学徒,然后将学徒们一一引荐给外商,在减轻自己负担的同时从学徒身上提成抽利,收入不减反增。由于他招收的学徒大多是在上海的宁波籍子弟,因此穆炳元给他们教授英语及贸易窍门,在客观上使众多宁波人有能力、有机会充当买办,为宁波人与外商广泛建立经贸联系提供了方便,也为宁波人拓展海外业务提供了条件。

上海租界设立后,原来在港澳、广州以及南洋的洋行纷纷在上海开设分支机构,一些作为买办和职员的广东人也到了租界。他们用粗通的英语充当贸易中间人,于是洋泾浜附近的上海滩出现了一种语法不标准、带有中国口音的英语,称为洋泾浜英语(Yang King Pang English)。一开始,洋泾浜英语多以广东地方的发音为准,后随着宁波商人的大量涌现,逐步以宁波方言发音来注音。

宁波方言版的洋泾浜英语就是穆炳元所创,穆炳元所开办的应该是上海开埠后最早的买办培训机构,培养了一批上海急需的翻译人才。他在培训班里把英语编成宁波话的顺口溜:"来叫克姆(come)去叫戈(go),一元洋钱混淘笋(one dollar),廿四铜板吞的福(twenty four),是叫也司(yes)勿叫拿(no)……"便于让学员快速掌握洋泾浜英语。宁波帮买办能独占鳌头,穆炳元的买办培训机构所教习的洋泾浜英语显然功不可没。

深具商业敏感性的宁波人,最先看到其中的市场需求,于是他们以穆炳元的洋泾浜英语为基础,乘机赶印了一种以中文(宁波话)读音注音的英文速成手册在市场销售。1860年,冯泽夫等6位旅沪宁波人编写的《英话注解》,是上海出版的第一个洋泾浜英语读本。该注解录入的洋泾浜英语单词大约有700个,共分银数、洋数、五金、出口、进口、天文、地理和时令等40个门类，每类选常用单词若干，以汉字（宁波话）注音。在某种意义上，《英话注解》的出版将日常口语用字规范化为雏形"字典"，宣告了洋泾浜英语正式诞生。洋泾浜英语在近代对外贸易、外交和文化接触中扮演了重要角色，影响极为深远。

3. 五金大王——叶澄衷

五金大王叶澄衷是宁波商人中的佼佼者，浙江省宁波府镇海县庄市人，是著名的宁波商团的先驱和领袖，他做生意很有天赋，头脑清醒，乐观时变，处事诚信，宽厚待人，被称为"首善之人"。

叶澄衷到上海来完全是为生活所迫。他家里很贫困，六岁的时候父亲就去世了，家中只有几亩薄田，家境贫穷，难以维持生计。九岁的时候他进了当地的私塾，只读了两年的书，就到了当地的油坊做学徒。

图1-27　叶澄衷

三年以后，十四岁的叶澄衷经亲戚的介绍来到上海，在法租界虹口的黄浦江边的一个五金店做学徒。叶澄衷有空就摇舢板在黄浦江里面找停泊的外国商船，向外轮上的海员兜售食品和香烟等，船上的水手扔给他一些五金零部件，再加上从洋行经理手里低价买进的五金件，叶澄衷开始尝试在码头边上摆起一个五金小摊。

叶澄衷发迹是在十七岁那年，一位英国洋行经理雇用叶澄衷的小舢板到十六铺彼岸，船靠岸后，外国人匆忙中不慎将一只公文包遗失在舢板上，里面竟然有好几千美金和钻石戒指、手表和支票本等，这些对于刚刚起步的叶澄衷来说，绝对是一笔巨大的财富。但是，忠厚的叶澄衷并没有占为己有，反而留在原地等待失主。等到这个洋人匆匆找来时，天已经黑了，没想到时间过去那么久，叶澄衷仍在原地等他！这让洋人非常感动，当即抽出一叠美钞塞到他手中，以示谢意，但叶澄衷断然拒绝了。这位外商原来是英国火油公司中国部经理，他看叶澄衷诚实，就请叶澄衷去管理火油仓库并请一位中文教师和一位英语教师，帮助他学习文化。二十二岁的叶澄衷在外商帮助下，在上海开设了"顺记五金杂货店”，这是上海也是中国第一家经营进口五金的店铺。凭借着自己的高尚品格和坚韧毅力，叶澄衷走上了经商的道路，并很快在商界崭露头角。

　　随着外轮贸易越来越繁忙，靠近黄浦江虹口码头的地方就形成了一条"麦克脱路"，沿街商铺主要的生意就是为外轮进行维修，以及补充食品和淡水。久而久之，叶澄衷发现，如果自己能够讲英文，能够和外国人直接交流，生意会好做很多。他随身携带着一本用宁波方言注音的《英话注解》，一有空闲便拿出来练习，天天要打交道的外国水手就成为了叶澄衷练习口语的好对象。叶澄衷发迹之后，在上海、汉口、天津和杭州等地，招收有一定中文基础的学生，举办短期英语培训班，所有经费由叶氏企业全包，一年学习期满后，先分配到叶氏各地企业实习，一年后再输送到各地企业及大中洋行做协办、帮办、买办，为企业培养了大批人才。

图1-28　叶澄衷的顺记五金商店

　　五金商品品种繁多，规格复杂，各店铺经营的品种各有重点，不可能配备齐全。面对客户开出的一揽子要求，叶澄衷以自己的厚道与实力，确立了"同业拆借"的惯例。同业按照进货的价格上浮5%的利润，这5%的利润由两家店铺互拆平分，顾客到手的价格就是市场价，这样对顾客是非常方便的。五金行业通过这个行业内的协作，把小资本做成了大生意。

　　十里洋场，商海风云变幻莫测，随着世界列强工业革命的相继完成，新的能源开始冲击中国市场，上海港首当其冲。敏锐的商业嗅觉，让叶澄衷似乎总能比别人领先一步。1870年，美国洛克菲勒创立美孚石油公司，十年后美孚进入上海，试图打开中国市场，但是立足未稳，美孚便遭到了英俄两国石油公司的夹击，而面对中国复杂的地方势力和混乱的度量衡，一筹莫展的美孚找到叶澄衷。利用顺记早已建立的通

道，叶澄衷把美孚火油
从上海的虹口码头源源
不断地销往中国内地。
通畅的销货渠道又使得
叶澄衷可以快速地回笼
资金，作为短期投资之
用。在十年的独家代理
期间，叶澄衷究竟赚到
多少钱，谁也说不清楚。

图1-29　中国第一家近代银行——中国通商银行

叶澄衷是中国较早的实业家，他创办了中国第一家银行——通商银行，还经营过保险、钱庄，为江南制造总局和多家船厂供应钢铁和煤炭，顺记还创办了数十家五金行，另有华纶丝厂和燮昌火柴厂等。在之后十几年的时间里，叶澄衷陆续开设了新顺南记、顺记、北顺记等分号，一步一步登上了"五金大王"的宝座。

虽然事业有成，但叶澄衷却依然是一个勤俭节约和清正廉洁的人。他从不坐车坐马，一直靠两脚走路出行，外商送给他洋汽车，他婉言谢绝，送给他五套西装，他也不穿。他的孙女叶吉谋说："我爷爷终身穿老布衫头。因为爷爷总讲，穿老布衫袄是不忘祖宗。"叶澄衷是一个有

图1-30　澄衷蒙学堂

社会责任感的儒商，事业成功后的叶澄衷不忘故土，重教育、兴国家、办义庄和建学堂，对社会作出了巨大的贡献。1871年，叶澄衷创办叶氏义庄，帮助穷苦孩子免费读书，接受英语等现代教育，包玉刚、邵逸夫和赵安中等一批享誉海内外的宁波帮精英们都是从这里启蒙的。

图1-31　澄衷蒙学堂外景

叶澄衷晚年创办的澄衷蒙学堂，是沪上创办最早和最负盛名的民办学校（今为上海市澄中中学），胡适曾在该校读书。叶澄衷去世以后，其后人又捐助办了一所肺科医院，即现在位于五角场附近的上海肺科医院，其前身就是叶家花园。

《叶公澄衷荣衰录》一文曾评价叶澄衷："海上通商以来，中国商人能抗衡外国者，首推宁波，而其间又以胡君雪岩、叶君澄衷为之领袖。二君皆毫无凭藉只身崛起。"宁波帮凭借自身特殊的有利条件，迅速介入新兴的对外贸易领域，并形成了以买办商人和进出口商人为代表的新式商人群体，促进了民族资本和民族工业的发展。买办较早地接触西方资本主义生产方式，在借鉴西方股份公司管理企业和总结自己经营管理企业的经验基础上，学会了资本主义企业的经营管理知识，为中国近代股份制企业的创办和发展提供了最初的思想启迪。买办商人对新式企业的投资有两个流向：一是积极投资于洋务企业，如唐延枢、徐润之于轮船招商局；二是独立投资建立新式企业，买办投资于各行各业的新式企业，获利颇丰，起到很好的示范作用，推动了上海乃至中国早期现代化进程，促进了中西方的贸易交流。

虽然买办商人对上海的经济和贸易发展产生了一定的积极影响，但也不可否认其存在历史局限性，买办本身具有的反动性和落后性是不容忽视的，他们身上不仅附有资本家天生的贪婪性与剥削性，而且是帝国主义经济侵华的工具，并和封建官僚相勾结，给中国本身经济各方面的正常进展造成了直接的破坏。买办商人在直接投资现代企业的同时，又往往从事代表最落后生产关系的活动：茶叶贸易的中间商人对于采用外国行之有效的烘焙及拣茶的机器嗤之以鼻，他们墨守成规，只关心如何尽快地把茶叶送往市场。毫无疑问，在买办全部经济活动中，企业投资并不占重要的地位，例如，徐润是投资工矿交通企业的活跃人物，但是在他的全部财产中，工矿交通企业的投资不过24%，而房地产和典当的投资达到76%，仅地产一项投资就超过了他在所有工矿交通企业上的投资总和。房地产投机、高利贷剥削以及各种各样的投机活动才是买办的真正安身立命之所。

19世纪80年代以后，上海的宁波帮买办已超过广东帮而居于买办集团的首位，直到买办制度被废除，以新式商人为主的宁波帮商人将商业利润投资于航运业、金融业和工业等新兴领域，他们以强烈的商品经济意识，凭借着家族同乡关系凝结而成的团体力与群体效应，顽强拼搏，艰苦创业，迅速成为新兴的经济力量，为振兴近代民族经济，推动对外贸易活动作出积极贡献。这一时期的宁波帮以当时我国对外开放的桥头堡——上海为基地，创造了100多个全国第一，涌现出一批"大王"，书写了中国工商业史上的百年辉煌。

此外，这个时期上海出现了大量直接经营对外贸易的华商商号，包括西洋庄（经营对西方主要国家及西亚、印度和锡兰等地的对外贸易）、东洋庄（经营对日本和朝鲜等地的对外贸易）和南洋庄（经营对南洋的对外贸易）。这些直接经营对外贸易的华商由原来的主要负责帮助洋商内销进口的洋货、收集本土产品以供出口转变为开始直接从国外订货进口或直接营运出口，对上海对外贸易的快速发展发挥了较大的助推作用。

（四）对外贸易发展的新格局轮廓显现

甲午战争后，根据《马关条约》，中国增开商埠，开放沙市、重庆、苏州和杭州，使得洋商的触角可以伸展到整个长三角，并沿长江，从上海至汉口，再上溯至上游的重庆，中国最富庶和繁华之区都被纳入洋商的经营范围。加之《马关条约》规定日本人可以在通商口岸投资设厂，列强援引最惠国待遇条款，均享受日本可以开商埠及投资设厂的特权，从而形成列强向中国资本输出的热潮。战争的失败使中国主权进一步沦丧，贸易自主性和自我防护的能力遭到大幅削弱，致使对外贸易不平衡现象愈加严重。另一方面，因门户大开以及航运、铁路、电报等现代交

图1-32　"中国茶王"徐润

通和通信手段的广泛使用,上海对外贸易量也开始了急速增长。上海早期的外贸货运代理规模极小,仅有一些承揽短途运输和代办报关业务的报关行。1895年甲午战争结束后,上海在贸易总额和净额等方面都远超过以往的任何一年,1903年沪宁、沪杭铁路通车,出口转关业务增加,报关行增加至140家。1894—1913年,上海进出口总值的增长也相当可观,从1.55亿海关两增至4.21亿海关两,增长了近1.7倍。

　　从主要贸易国或地区来看,1895—1910年,香港在上海对外贸易中地位明显下降,日本在上海的对外贸易中地位明显上升。1894年,占上海进出口总额比重较大的国家或地区有英国(24.3%)、德国(15.6%)、印度(14.5%)、美国(13%)、中国香港(11.3%)和日本(9.7%);到1913年,英国、日本、美国、印度、法国、德国和中国香港是主要的贸

图1-33　宝源祥茶栈

易对象，贸易额占上海进出口总额的比重依次为21.8%、13.8%、13.5%、10.9%、9.3%、6%和5.4%。

在此期间，上海对外贸易的显著变化主要体现在中国香港对上海贸易地位的下降和日本对上海贸易地位的提升这两个方面。中国香港对上海贸易地位的下降主要是因为上海与西方国家的直接对外贸易增加，减少了通过中国香港的转口贸易，所以1895—1910年上海对香港的进出口贸易总额呈现明显的下降趋势。

图1-34 "中国丝业大王"薛寿萱

日本对上海贸易地位的提升主要是因为在此期间日本的工业经过了二三十年的发展后开始显现出一定的竞争力，而中国工业发展进步缓慢，双方商业贸易的地位出现逆转；加上甲午战争后，日资逐渐深入到长江流域，在各通商口岸投资设厂，直接助推了日本对上海的贸易出口，上海对日贸易总额在1894年是0.15亿海关两，到1913年增加至0.58亿海关两，增长了将近2.9倍，如前所述，对日贸易总额占上海进出口贸易总额的比率由9.7%增长至13.8%。第一次世界大战爆发后，日本取代德国在中国的航运业地位，上海外贸运输一度形成英日分霸的格局。

甲午战争后，兴起实业救国，不仅引进西方设备与技术，外商投资设厂也得到认可。机械、生产资料进口增加，生活用品进口减少。自1899年开始，美国碾麦机器、发电机、锅炉及各类机器设备也相继进口。1910年，上海机器进口为142.85万关两，占上海进口总值的0.75%，占全国进口机器总值的20.7%。

上海进口机器绝大部分装备了洋商企业，但上海民族资本近代企业也得到初步发展。纺织厂的发展规模最大，1910年，上海民族资本纱厂有7家，拥有纱锭17.2万枚，布机1 440台，大多为英国货；有缫丝厂46家，丝车13 062台，大多为意、日货。1913年，上海进口机器升至219.7万关两，占上海进口总值0.94%，占全国进口机器总值的25.7%。

从事机器进口的洋行也在增加，1913年，上海有此类洋行近30家，其中德商15家、英商11家、美商3家，经营的机器涉及军用、民用、生产和生活等多个领域，垄断着机器进口市场，华商约20家，兼营小件机器和轻工业机器进口，得益于西方设备与技术的引进，上海崛起了一批中国著名的近代企业或企业集团。

　　甲午战争后至1913年，上海新设机器厂共有86家，制造和仿造纺织机械、蒸汽引擎、内燃机、缫丝车、轧花车、手摇袜机、石印印刷机、钢皮带卷烟机等。1919年，上海机器类商品进口总值为1003万关两，占全国同类商品进口总额的40.28%，其中纺织机进口最多，有梳刷、纺纱、织布、印染机等，上海纺织机进口总值268万关两，占全国纺织机进口总额的71%。1895—1913年，开办资本在10万元以上的外资新设工厂就有43家，资本总额2320万元，平均每厂开办资本54万元。洋商大量兴办企业，在促进上海城市近代化进程的同时，也掠取了大量利润。第一次世界大战期间，欧洲列强忙于战争，日、美商人趁机加快在上海投资。1911—1921年，上海共有外商企业1741家，其中日商984家，跃居首位。

　　甲午战争后，从出口商品结构来看，生丝和茶叶出口占比持续下降，杂货品出口成为新的增长点。甲午战争后，生丝在上海对外贸易中的比重持续下降，1894年占上海出口总额的39.5%，至1913年下降为27.7%。经过上海出口的生丝主要销往法国和美国，占上海生丝出口总额的70%。除此之外，茶叶的出口贸易额也在持续下降，由于相较于印度、日本和锡兰的茶叶，中国茶叶竞争力较弱，且中国茶叶的主要出口国——俄国也开始从锡兰和印度进口茶叶，导致茶叶的出口贸易下降较快，虽然中国对俄国的茶叶出口额占总出口贸易额的比重由1894年的45%增长至1913年的50%以上，但对美国的茶叶出口额从22%降至12%，出口至英国的茶叶从17%降至6%，从而经过上海出口的茶叶贸易额也随之降低。但本期内杂货品出口贸易得到较快的发展，包括籽类、皮革、豆类、羊毛、草帽辫、烟草、地席、草席和少量的大麻，例如，豆类和籽类杂货品在甲午战争之前出口额占上海总出口额的比重不足1%，到1913年占上海出口额的比重达11.7%；皮毛类杂货出口额也从甲午战争前占上海总出口额比重的8.4%增长至14.2%，增长速度较快。

从进口商品结构来看，棉纺织品仍然是上海进口贸易的主流品类，1894年中国进口的1 379万匹布中有1 300万匹自上海进口，棉纱主要从印度进口，上海进口的棉纱主要是转口和复出口，仅极少量在本地销售，上海本地消费主要是高档的洋布，占上海进口洋布的约1/5，1913年棉织织品进口额占到上海进口贸易总额的43%，依然是进口商品的最大宗。

除此之外，类似大米、糖、煤和煤油等新品类的进口贸易额也呈现明显的增长趋势，尤其是食品类的进口增长较为迅速，在1907年仅大米、糖、水产品和面粉这些品类的进口额就占到上海总进口额的23%。1900—1910年，上海进口商品中煤油这一品类增长最为迅速，从2 100万加仑增加至9 100万加仑，其次还有矿砂、车辆、机器、染料、化学品和电器材料等，这些品类的进口额在1913年时占到上海进口总额的11.4%。

这个时期较为值得关注的是鸦片进口数量的快速下降，其实从19世纪80年代开始，鸦片的进口量就已经下降，一方面是由于土产鸦片的供给增加，另一方面是由于印度鸦片的价格上涨，1895—1900年，每年的鸦片进口量在5万担左右，低于1894年的6.3万担。1906年，中英达成限制从印度进口鸦片的协议，自1908年起每年减运1/10。1911年5月，中英签订一项禁烟条约，规定至1917年底完全禁止鸦片贸易，包括禁止从海外进口鸦片和国内鸦片的种植。根据当时的海关数据，1906年上海口岸进出口船舶数量达到了峰值，进口船舶23 045艘，出口船舶32 600艘，到1919年，上海口岸进口船舶8 704艘，出口船舶9 132艘，进出口船舶数量有了大幅度的减少。

四、贸易发展催育形成上海新风尚

　　战争和列强强加的口岸制度重塑了传统中国经济的格局。在1843年开埠初期，上海还未呈现出不可估量的贸易效益，当时广州仍然是中国对外贸易的中心。随着公元1851年太平天国运动的爆发，近代中国的对外贸易格局发生了转变，南方区域的战乱阻滞了传统商路，广州的对外贸易受到重创，原先很多经由广州出口的贸易都开始转向经由上海，发展新的对外销售路径。此外，条约口岸制度也起到了间接保护的作用，人口和商业经营等向上海大规模迁移，为上海对外贸易的快速发展提供了充足的市场要素。

　　1861年，镇江、九江和汉口的口岸开埠，长江流域尤其是中游地区的传统商路出现了根本性转变，长江流域逐渐演变成上海腹地，促进上海的进出口贸易得以成倍扩张。甲午战争后，由于更多口岸的增开，加上航运、铁路和电讯等事业的快速发展，上海的对外贸易也开始急速增长。在战争的激化下，上海从一个相对封闭的乡土县镇发展成为近代中国对外贸易中心；在西方物质文明汇入、华洋混居以及慕洋生活方式等多因素的共同影响下，上海形成了一种融合现代化和西方化于一体的近代文明，彻底颠覆了传统上海人的生活方式。

（一）洋货引入：新生事物不断涌现

　　上海作为近代中国社会中最早发生生活方式变革的地方，最早形成了现代都市生活。很多西方新式文明的产物即较具现代化特征的新生事物、城市生活设施和工业产品等，都最先落户上海，并逐渐推广至全国。

例如新式旅馆，在上海开埠之后，随着外国商人的纷至沓来，为了满足客商等人的住宿需求，在洋泾浜（今延安东路）畔相继开设了一些新式旅馆。1846年，英国人阿斯脱豪夫·礼查在公馆马路（今金陵东路）外滩附近建设了一座旅馆Astor House Hotel，它是上海最早的新式旅馆——礼查饭店的前身，内部除了客房以外，还设有舞厅、扑克室、弹子房和酒吧等休闲娱乐场所。随后法租界天主堂街也出现了一家名为密采里的法式旅舍。20世纪初，建造于南京东路的汇中饭店已有6层楼。此外，上海最高的建筑、最早的屋顶花园、电灯的最早使用、第一部升降电梯的使用等都出现在这些新式旅馆内部。这些新式旅馆的出现，在方便了上海人开展对外贸易活动的同时，也极大地丰富了上海人的生活。

在鸦片战争后上海成为通商口岸，就有很多西方传教

图1-35　礼查饭店

士、商人和旅行者携带刚问世不久的照相机进入上海。1852年，外商赫尔曼·哈斯本德在位于福州路的隆泰洋行内经营摄影和肖像着色。随后，法国人李阁朗在外滩开设了照相馆，这也是上海第一家照相馆。至1876年，从广东路至南京路一带，出现了苏三兴、日成、时泰、同兴、华兴、恒兴、宜昌和公芳等近十家国人开办的照相馆。其中1864年5月20日开张的宜昌是上海最早有明确创办日期的照相馆。苏三兴原创办于中国香港，于1870年迁移至上海汉口路，以拍摄名媛闻名，"凡柳巷娇娃、梨园妙选，无不请其印成小幅，贻赠所欢"。到19世纪末，上海较为著名的照相馆有宝记、耀华、致真和保锠四家，号称照相馆界的"四大

图1-36　1900年上海耀华照相馆在巴黎博览会上获奖

图1-37　1905年缠足女子和自行车合影

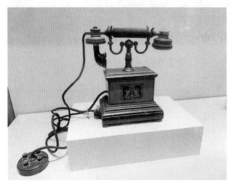

图1-38　1910年的电话机

天王"，在1900年巴黎博览会上，耀华送展的照片获得奖项，成为清末中国唯一在世博会上获奖的照相馆。

上海是中国最早拥有电话机的城市。1876年，贝尔电话获得专利，1877年就传入上海。1881年，随着丹麦人在上海开设的大北电报公司的成立，上海的电话业务得以发展。1898年，英商华洋德律风公司从瑞典和美国进口了自动电话机，较为现代化的电话设备自此落户上海，电话事业的发展有了一个好的开端，同时极大便利了上海的对外通讯及内部通讯。

1917年，上海已初具远东第一大城市的气象。这一年，上海大世界游乐场开张，沪南体育场落成，先施百货公司在南京路浙江路口正式开业，洋泾浜（今延安东路）与老闸桥石路（今福建路）之间开通了有轨电车，还有很多西方工业文明和科技成果也相继被引入上海。1865年南京路上就有了煤气路灯、马车、火车、汽车、脚踏车、电灯和有轨电车等。此外，垃圾车、火警钟、洋水龙、洒水车和自鸣钟等市政用品，织布机、纺织机和蒸汽机等各类机器，缝纫机、洋皂、洋呢、洋伞、洋钟表、洋纸笔、洋牙刷、洋针线、天平、洋布、洋毯、洋纽扣和洋巾等日常生活用品，覆盖各类需求的洋货在19世纪70年代以前陆续进入上海，并很快占领了全国消费市场。

（二）以洋为尚：西方元素逐步渗透

在洋货得以推广的同时，其所负载的西方城市生活方式也对上海市民产生了深远影响，衣食住行等各方面都被极大地改变。

1. 服饰文化

1843—1910年，是近代上海服饰文化发轫的阶段。在西方文化思潮的影响下，服饰方面呈现出一定的西化。清末，虽然大多数男性的服装仍然是传统中国古代服装样式，少数人除了瓜皮帽、长衫和马褂之外，也穿起了礼帽和皮鞋，在袖口宽窄、袍裾马褂长短、领口高低和纽扣品种上也多有做文章的，当时可能会为多数人所不解，但这一定程度上代表了上海人在服饰方面的跨越。

女性服装的变化相较于男性要大得多，且快得多。清末，上海女性穿的旗袍多是立领、右大襟、宽松、长袖、上下直线剪裁、不开衩和下摆宽大，随着西方潮流元素的融入，旗袍在被更多女性接受的同时也逐渐进入被改变的行列，从翻领/荷叶领/V型领、无袖/荷叶袖、长度缩短和腰身收紧等各方面进行改良，且从20世纪20年代开始，对旗袍的改变较为明显。

除了旗袍以外，女性服饰最为显著的变化标志之一便是新式时装的出现，西装和大衣等逐渐被接受，裙装成为都市女性的新宠，披风、西式大衣、西式外套、泳衣、各款帽子和围巾等都是女性时装的一部分，女性时装在这一时期呈现争奇斗艳和日新月异的景象。从1911年开始，女裙也发生了较大的变化，受西方元素的影响，围系之裙逐渐变成套穿之裙，出现了斜裙、塔裙和喇叭裙，缝制的工艺和样式都趋于简洁，逐渐抛弃了传统女裙的元素。

此外，随着清末新政的实施，各式女子学堂兴起，这些新式学堂多数都是模仿欧美建立的，学生的服装也融合了很多西式元素，她们的衣着不再拘泥于一种风格，款式也没有了严格的规范，从袖子变短、裤脚变高、腰变窄和鞋跟变高等方面逐渐洋化。总体上,该阶段服装的变化主要表现为时髦化、注重个性展示和突出曲线美等,对中国传统的社会文化伦理道德都有一定的突破。

2. 饮食文化

自1843年开埠以来,上海饮食行业的变化主要表现在三个方面。

第一,开埠后上海民族工商业的发展促进了本地餐饮行业的扩张,主要包括经营便菜或便饭且兼营少数炒菜的中小型饭店、以"和菜"及炒菜为主的大中型菜馆、以经营高档名菜及筵席为主的大店名菜馆这三种类型,当时上海本帮菜已经发展到一个较高的水平。

第二,清朝后期,外地餐饮不断入驻上海,其中最先进入上海的是安徽菜馆,苏州和无锡菜馆也相继出现在上海,并以太湖船菜而闻名。截至清末民初,上海已经拥有11个地方的风味菜馆。

第三,上海租界开辟不久,随着大批外国人开始移居至上海,西式餐饮也随之移植过来。1853年,上海首家西餐馆老德记西餐馆开张。1860年,礼查饭店开始为顾客提供食宿,其中餐食部分由英国厨师烹饪,采用的食材和原材料也多购自国外。

到19世纪70年代,坐落在上海的西餐馆已有多家,但在初期出入西餐馆的多为洋人,到19世纪80年代以后,上海的一些民众也开始将吃西餐视作流行时尚,并随之接受了餐桌上的分餐制。1897年,上海德大西菜社开业,主营德国西餐,当时就有较多的普通百姓在德大品尝美味的西餐,与西餐一同进入上海的还有一些当时不常见的菜品,例如洋葱、菜花、马铃薯和圆白菜等,这些蔬菜于20世纪初开始出现在上海的菜场。

此外,与西餐相关的洋饮料也相继传入上海。19世纪五六十年代,西方人在上海开设的末士法、埃凡面包店、卑利远也荷兰水公司和厌拜巴了华利公司已经开始生产汽水、苏打水和啤酒等西式饮料。1892年,英商开设的泌乐水厂专门生产蒸馏水、苏打水、餐用矿泉水、柠檬水和汽水等,备受欢迎。从总体上来看,自开埠以来,上海餐饮业发展的趋势主要是在本帮菜与外来菜不断融合发展的同时,西式餐饮逐渐成为上海人追求的时尚。

图1-39　德大西菜社旧照

3. 住宅建筑

随着上海开埠，西方的建筑结构、建筑技术和舶来的建筑材料都渗入了上海传统的建筑业。最早出现在上海的融入西式元素的建筑是以英国人为中心建设的英国领事馆（建造于1849年）和吉姆逊商会（建造于1865年），带入了外廊式殖民地建筑风格，建筑平面多为四方形，高度一至两层，结构多为木结构或者砖木结构；最初这些西方人建造的独立住宅建筑多由洋人自己居住。

1853年9月，小刀会在上海起义，混乱的局面使得大批难民逃出县城并涌入租界，打破了"华洋分居"的局面；为了获得更多的利润，开发商们首次针对这些难民在上海建设了专门租售给他们的商品住宅，即专门为华人设计建造的石库门里弄住宅随之产生，且为了节省成本，开发商最开始建造这些里弄住宅多是使用木质结构，从1853年9月至1854年7月不足一年的时间里，在现在的广东路和福建路一带就建造了800多栋里弄住宅；但由于木质结构存在易燃的风险，后来被租界当局禁止建造，自1870年起，开始建造砖木混合结构的里弄住宅。

同时，在1870年金融风潮的影响下，当时上海的大财团宝顺洋行破产，致其大量土地被分割拍卖，类似的事件层出不穷，激发了上海建

图1-40　公顺里（上海最早的石库门里弄住宅）

筑风格的更新；自新古典主义风格的汇丰银行（1874年）和德华银行（1878年）大楼建成以后，原来外廊式殖民地样式的建筑风格就再也没有被应用过，取而代之的是与英国本土流行同步的丰富多样的建筑风格。甲午战争后，日本在上海兴建工厂，在上海居住的日本人增加；在上海建造了一大批法国文艺复兴式（大北电报公司大楼，1907年）、新古典主义风格（东方汇理银行，1911年）和西班牙风格（汇中饭店，1906年；上海北火车站，1907年）的都市型独立住宅及商业用楼。

总体来看，从开始的外廊式殖民地建筑风格的里弄住宅到20世纪10年代的融入多种西式风格的都市型独立住宅，上海住宅风格的发展过程本质上是一个接受西方建筑文化和技术的过程，即上海传统建筑逐渐演化成为西式建筑的过程。

4. 交通出行

开埠前后，上海盛行的交通工具主要是独轮车和轿子。随着上海外国侨民的逐渐增多，不同式样洋派的双轮和四轮等西式马车应运而生，马车相较于独轮车和轿子在出行效率方面有所提升。

1868年，中国第一辆自行车出现在上海街头，"一人坐于车上，一轮在前，一轮在后，人用两脚尖点地，引轮而走"。不过当时自行车数量比较少，到1897年，全上海的自行车数量也不过才几百辆，多数都由寓居中国的洋人拥有，并不是普通民众可以使用的交通工具。1874年，从日本传过来的东洋车——人力车逐渐盛行，且为了达到醒目的效果，将人力车车身漆成黄色，故又名黄包车；经过一系列改造，黄包车的拉跑速度明显加快和覆盖范围不断扩大，又进一步提升了上海人的出行效率，此外，黄包车也成为部分上海平民的谋生手段。

交通工具中的"骄子"——汽车，于1901年由匈牙利人Leinz引入上海，这也是出现在中国的第一辆现代汽车——通用汽车的Oldsmobile Model R，随后各类顶级豪车充斥上海滩，但当时汽车仍然主要为洋人所享用。

上海是国内最早拥有有轨电车的城市之一，1905年，英商上海电车公司成立，开始铺设从今南京路口至延安东路外滩的电车铁轨。1908年，英籍犹太地产商哈同经营的上海第一条有轨电车正式通车，从静安寺始发至上海总会贯穿东西全程6.04千米，揭开了现代上海公共

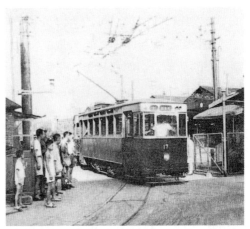

图1-41　上海第一辆有轨电车——英商1路

交通的序幕。从总体上来看，从独轮车和轿子到西式马车和人力车的涌现，到自行车、轿车和有轨电车等现代化交通工具初现街头，彻底颠覆了20世纪以前上海乃至全国人以步行为主的出行方式，加速了上海城市节奏的近代化进程，也助推了上海各阶层人士生活方式的现代化进阶。

5. 生活娱乐

开埠后的上海大兴娱乐场所，正式营业性戏园数量不断增加。1851年创办的三雅园是上海开设的第一家营业性戏园，上午卖茶，下午搭台子演昆曲，标志着贵族享乐逐渐转向大众化。1866年上海第一家京戏馆正式开张，1884年刘维忠建的新丹桂茶园成为当时上海规模最大和影响最广的京戏馆。1908年，上海十六铺新舞台建设落成，上海

戏院开始从旧式茶园演变成新式戏曲剧场,上演了一系列反映各类社会问题的时装新戏和连台本戏,满足了人们更为多样的精神文明需要。同年,西班牙人雷蒙斯在虹口乍浦路海宁路转角处用铁皮打造了上海最早的电影院——虹口大戏院,融于电影之中的西方文明进一步深入渗透。

除了戏剧电影以外,租界内的外侨也在经营各种提供娱乐活动的俱乐部——总会。上海最早的西方俱乐部是1864年建成的英国总会,也称上海总会,俱乐部内部除了会客室以外,还设有大小餐厅、大弹子房(保龄球)、小弹子房(桌球)、阅览室、棋牌室和酒吧间等,娱乐设施非常丰富。这些会所和林立的梨园、商号、客栈、酒肆、茶楼和书店等,一起构成了上海人独特的消费空间,呈现了东西方融合的文化和生活方式。

1918年,商务印书馆正式成立活动影戏部,比较广泛地开展了摄制影片的活动。当时所摄影片号称分为风景、时事、教育、新剧、古剧五大类,其中,风景片内容广泛包括全国各地的名胜古迹,时事片主要反映当时的社会生活,教育片则主要传播文化。1920年,活动影戏部拍摄了两部由著名京剧表演艺术家梅兰芳主演的古剧片(戏曲片)《春香闹学》和《天女散花》,这两部影片的导演工作都由梅兰芳自己担任。而活动影戏部所拍摄的新剧片内容多低级无聊,粗制滥造,因而逐渐失去观众。从总体上来看,开埠后的上海,除了国内不同类别的戏曲在此汇聚以外,西方流行的电影院和会所等也在盛行,人们的娱乐生活在逐渐西化。

(三)颠覆传统:现代观念逐渐形成

自开埠后,受到资本主义制度和观念的冲击,上海这座城市发生了异乎寻常的变化,这些变化在改变上海地位和形象的同时,也使上海人的传统旧观念发生了颠覆性变化。

1. 消费观念

上海开埠后,一些新的消费时尚在上海滩风靡一时,上海人逐渐摒弃了传统的消费等级观念和陈旧的消费心理,创造并享受着一种崭新的都市生活。在上海的大街小巷以及社会生活的各个方面,都展现出"以洋为尚"的现象;一些人的社会活动和日常生活都逐渐欧化,吃着西餐、穿着西服、戴着金丝眼镜、看着电影、用电灯照明、用相机拍照和坐着有轨电车等，晚清时期，"洋"已经是上海人心目中最具魔力的字眼。与此同时，上海人也逐渐突破了追求节俭的消费观念，将奢华视作消费目标。一方面想方设法地挣钱，另一方面又奢华且时髦地消费。富商大贾们开展炫耀式消费，直接引导了普通市民的生活方式，从一开始的羡慕到后面的尽力仿效，崇尚奢华享乐的消费逐渐成为一种流行时尚。

2. 消费方式

上海人也逐渐打破了封建贵族的等级观念，很多原来只能由王公贵族和官员士绅们使用的高档消费品，在近代产业和商业贸易的共同催化下，逐渐进入了一般市民的消费领域。一些往昔标志社会等级地位的服饰器皿，也开始不分贵贱雅俗，可随意使用。将消费品与身份地位结合起来的封建尊卑秩序在上海人的消费领域里被不断否定直至消逝。

不仅西方的物质商品直接进入了人们的生活，随之而来的还有大量西方商品广告，这助推了西方生活样式的流行，灌输了西方生活理念和价值观。早在1907年，日本小林洋行生产的狮子牌牙粉就开始用报纸广告宣传，同时也是一种卫生教育，在此影响下，中国第一包牙粉和第一支牙膏随即在上海生产，并深入千家万户，这一标志着现代文明卫生的城市生活方式从此开始普及。1912年4月4日的《申报》上还曾登载书籍广告，介绍国外经济社会制度的读物以及英汉辞典，外来新思想通过图书进入人们的精神世界，这无疑有着思想启蒙和精神重塑的价值。近代上海报刊和广告，传播了西方文明，包括具有现代性的西方生活方式，城市生活越来越成为人们所向往的生活。从总体上来看，上海开埠后，上海人逐渐形成了一种以洋为尚、崇尚奢华和全民平等的现代消费观念。

3. 婚姻观念

上海首倡婚恋自由和婚礼简化，这标志着近代中国社会文明的进步。传统的婚姻观念里注重的血缘和宗族等因素逐渐被弱化，自由恋爱、自主选择配偶和程序简洁的西式婚姻模式逐渐改变着上海人的婚配观念。此外,随着移居上海的侨民不断增多,在教堂举行宗教性婚礼仪式的习俗被带入,当时的市民一方面向往简单的婚礼,另一方面又不赞同婚礼的宗教性色彩,于是一种摒弃了宗教性色彩的文明婚礼仪式被广泛接受并流行,即由德望较高的长者作为牧师来主持婚礼,但婚礼选择在公共社交场所,而不是教堂。20世纪初,文明婚礼在上海颇为盛行。

4. 价值观念

急速发展的商业环境,在商人们夜以继日和锱铢必较的算盘声中,上海人的价值观念逐渐发展得不同于儒家传统观念,功利主义价值观渐入人心。由于当时洋人施加的压力,中国官方也开始鼓励人们经商以便降低洋人对中国资源的摄取,从民族自强、保护中国权益和抵抗西方商业性掠夺等角度,上海人逐渐意识到树立求利观的重要性和必要性。民众开始接纳一种新的价值观,认为盈利赚钱完全是件体面的事情,应大力倡导和扶持。功利的事业不仅可以帮助个人致富,也是国家富强和民族振兴的保障。过去被士人视作铜臭气的金钱,在黄浦江畔不再那么令人贬低,功利价值观逐渐获得认可。

5. 处世理念

上海作为一个开放的通商口岸,形成了一种中西汇流的社会环境,上海人的开放意识逐渐形成并增强。这种开放的世界观念和眼光主要表现在对新生事物的接纳上,对电灯从懵懂好奇到接受和对自来水从看不惯到赞许等,对这些超出往昔想象力的新生事物,上海人逐渐也见怪不怪,并最后接纳和使用。也正是这种开放的心态和意识使得这些新生事物能够快速进入上海人的生活,催化了上海人现代生活方式的形成。此外,上海人的公共规范意识也逐渐形成。上海租界建立以后,引入了大量近代新式管理方法,并制定了系列法规,通过公共规范约束力,使得上海人逐渐摒弃了以前随意、无拘无束和卫生意识淡薄的生活习惯,引导了上海人从原来农业性的生活常态逐渐转变为近代城市化的生活方式。

第二章

东西汇流

（1919—1949年）　>>>

引　子

　　外滩，上海最具魅力的地方，承载着上海历史的沉浮，见证着上海经济和文化的繁荣，传承着城市文明的脉络。1844年（清道光廿四年），外滩一带被划为英国租界，成为上海十里洋场的真实写照，也是旧上海租界区以及整个上海近代城市开始的起点。

　　鸦片战争后，中国对外贸易的控制权，从清王朝转移到西方国家的商人手中。被迫开埠的上海，只用了短短10来年的时间，就超越广州，成为近代中国最大的贸易中心。洋行买办的繁荣逐渐形成对外贸易的一个优势，而陆路交通的开拓进一步促进了贸易线路的开辟。面对洋货的冲击，上海的民族工业随之兴起，开启了国货运动……

一、洋行与买办

（一）洋行的兴起

苏州河之名，始于上海开埠后，部分爱冒险的外国移民由上海乘船而上，溯吴淞江直达苏州，就顺口称其为"苏州河"。1848年，上海道台麟桂在与英国驻沪领事签订扩大英租界协议时，第一次正式把吴淞江写为"苏州河"。由此开始，"苏州河"之名逐渐流行。从19世纪初至20世纪30年代，苏州河一直是上海通往邻近城乡的主航道，主要原因在于当时的陆路运输网络远不及水路发达和便宜，大量的消费品、燃料和工厂原料、成品，都需依靠水运。上海近代最早的修造船、面粉、棉纺织、丝织、化工、冶金机械，甚至水电煤器具的加工厂，都陆续出现在苏州河两岸。

1845年上海道公布《上海租地章程》，划定洋泾浜（今延安东路）以北、李家庄（今北京东路、圆明园路一带）以南之地，准英国商人租地建屋，后称为租界，次年定西界于界路（今河南中路）。1848年英国驻沪领事阿礼国与上海道台麟桂商定将租界扩展为北至苏州河，西至周泾浜与苏州河畔苏宅之间的一条直线（今西藏中路）。

1854年7月，英法美三国成立联合租界。1862年，法租界从联合租界中独立；1863年，英美租界正式合并为公共租界。在租界中，外国人投资公用事业，兴学办报。租界当局负责市政建设，颁布一系列租界管理的行政法规。租界也成了中国人了解和学习西方文化、制度的一个

图2-1　上海城市历史的象征——外滩　　　图2-2　旧时外滩街头

窗口。外滩是上海的象征,也是上海城市近代化的起点。外滩东起黄浦江西岸,西至中山东一路和中山东二路西侧人行道,南起东门路,北至苏州河南岸,滨江岸线长2.6千米,是上海最具标志性、最经典的城市景观区域,也是城市中心最重要的公共活动空间。

上海辟为商埠以后,外国的银行、商行、总会、报社开始在此云集。外滩迅速成为全国乃至远东的金融中心。1943年8月,上海公共租界被交还给汪伪政府,外滩结束了长达百年的租界时期。外滩一直被视为上海城市历史的象征。

1843年,一批英国商人跟随他们的首任领事巴富尔来到这座陌生的城市。此时黄浦江的江岸是一片自然滩地。退潮时,江水聚滞在河床中心,露出一大片滩地。涨潮时,江水又没过河滩。黄浦江是上海的主要河道,由于江宽水急,逆水而行的船就须拉纤行走。几百年来,纤夫的足迹就在黄浦江滩踩出一条曲折多弯的小道,人们称之"纤道",这条纤道就是外滩最早的路了。

纤道的西边为农田,阡陌沟渠之间散布着星星点点的茅舍。看似荒芜,但经验和直觉告诉这些洋商这里是一块还没雕琢过的"美玉",经过与上海道台反复交涉,8家洋行最先落户外滩。

清道光二十三年(1843年),英帝国在上海开辟租界前,首先划定外滩一带江面为其船只的"下锚地段"。清道光二十五年(1845年)11

图2-3　19世纪50年代外滩旧景

图2-4　20世纪30年代外滩旧景

月29日，通过《上海租地章程》把外滩以西的830亩土地划为英租界。此后，殖民当局便在李家庄（又名李家场）建造英国领事馆。不久，英国领事馆的南边沿黄浦江一线，陆续出现沙逊洋行、仁记洋行、宝成洋行、旗昌洋行、天长洋行等洋行。

 戴鞍钢 （复旦大学历史学系教授）：洋行就是进入中国的外国商行，所以中国人称之为洋行。这个是1843年开埠以后他们捷足先登的，外滩沿岸的建筑其实都是洋行。

 马长林 （上海市档案馆研究馆员）：当时因为贸易开始以后有许多洋行在上海开始租地造楼，怡和洋行是最早的，1842年就在黄浦江边租土地了，其他的洋行紧跟进来。

张秀莉（上海社会科学院历史研究所研究员）：它的发展是非常快的，到1850年的时候已经有40多家洋行了，而且早期洋行的特点是从事贸易、航运、汇兑、保险，是一体化经营的。

长期的闭关锁国，导致国家积贫积弱。上海开埠后，以英美法为代表的外国侨民开始在这块土地上构筑他们的租界蓝图，以实现侵略上海乃至侵吞整个中国的目的。而洋行，正是外国殖民者首登上海的桥头堡。

"此邦自互市以来，繁华景象日盛一日，停车者踵相接，入市者目几眩，骎骎乎驾粤东、汉口诸名镇而上之。"1876年，清人葛元熙在《沪游杂记》的序言中这样描绘了开埠后上海的热闹景象。他细细记述了上海百余家"洋行"的名目，并为其作画。

在他笔下记录的外滩一线共有洋行18家。

今天的怡和大楼已不再引人注目，但它却有着显赫的过去。从无所不包的进出口贸易到码头航运，从修筑铁路到投资工厂，在进入上海的一个多世纪里，怡和的势力几乎渗透于每一个领域。

　戴鞍钢（复旦大学历史学系教授）：早期的洋行是包罗万象的，所以什么都经营，包括走私鸦片，只要有钱赚，他们什么都做，慢慢地，洋行多了，就开始互相有竞争，互相有分工，互相有专业化等。

1. 怡和洋行

怡和洋行是最著名的一家老牌英资洋行，曾是远东最大的英资财团，清朝时即从事与中国的贸易。怡和洋行于1832年7月1日成立，由两名苏格兰裔英国人威廉·渣甸（William Jardine，1784—1843年）及詹姆士·马地臣（James Matheson，一译"孖地臣"，1796—1878年）在中国广州创办。怡和洋行对中国香港早年的发展有着举足轻重的作用，有"未有香港，先有怡和"之称。它也是首家在中国上海开设的欧洲公司和首家在日本成立的外国公司。

图2-5 清末的怡和洋行

怡和洋行早年在中国主要从事鸦片及茶叶的买卖。林则徐在1839年实行禁烟时，怡和的创办人威廉·渣甸亲自在伦敦游说英国政府与清朝开战，亦力主从清朝手中取得中国香港作为贸易据点。

怡和洋行是最早进入上海的三个外国洋行之一。其上海总部旧址，就是北京东路外滩转角处与原上海人民广播电台隔路相望的那幢雄伟的大厦，外滩中山东一路27号。该楼是外滩建筑群中重要的建筑物之一，为全国重点文物保护单位。

怡和洋行1832年由英商创办于广州。1843年上海开埠后，英、美、德、日、法等国商人相继来上海开设洋行，追逐暴利。据统计，1852年上海就有洋行41家，其中英商洋行最多，有27家。1859年上海的洋行有62家，其中最老牌、最有名气的就属怡和洋行。19世纪80年代，怡和洋行不仅在上海，甚至在世界上都享有"洋行之王"的美称。清朝末年，早期洋行以走私、贩卖鸦片进行资本的原始积累，在广州从事中国、印度、英国之间的货物和鸦片贸易。怡和洋行早期也称麦克尼洋行，是世界上最大的鸦片商。

1837年，该行拥有12条全副武装的鸦片走私船。1840年，两广总督林则徐在广州缴获的2万箱鸦片，怡和洋行就占了7 000箱。怡和洋行的两位创始人当时也被清政府驱逐回国。鸦片战争后，各国的鸦片贩子把大本营放在中国香港,在中国香港的口岸、港口停泊着武装的鸦片货船走私鸦片。1843年怡和洋行卷土重来,在上海设立了怡和分行。在相当长的一段时间内,怡和洋行的业务一直以鸦片贸易为主。1874年,英商吴淞铁路公司以修筑马路为名,强行修筑吴淞铁路。这个铁路公司就属于怡和洋行。1876年7月,老靶子场(今河南北路武进路)至江湾通车,观看的人群如潮。有些缺乏科学知识的群众非常害怕这个巨大的怪物,就用砖头向火车投掷,并要求清政府拆除铁路。

1844年,中国上海首次拍卖土地,亦由怡和洋行购得。怡和洋行当年在中国香港的竞争对手包括颠地洋行、沙逊洋行等其他贸易公司。1872年以后,怡和洋行放弃对华鸦片贸易,之后怡和洋行的投资业务逐渐多元化,除了贸易外,还在中国内地及中国香港投资兴建铁路、船坞、各式工厂、矿务,经营船务、银行等各行业。怡和洋行除了在1876年在上海兴建了中国第一条铁路吴淞铁路,亦安装了中国的第一部电梯和引入各种机械及工业设备。1912年以后,怡和的公司总部设在中国上海。

怡和洋行于1920年在上海的江边成立了怡和冷藏公司,于1921年合并所有纺丝企业并成立怡和纺丝局,怡和打包厂则是纺丝局的子公司。除此以外,怡和洋行还参与了出资建造九龙铁路和淞沪铁路,并组建轮船公司操控中国沿海和长江内河运输,建造码头、仓库、货栈和啤

图2-6　怡和洋行成立的怡和冷藏公司

酒公司等。可以说，北苏州路上的怡和打包厂是当年苏州河上最重要的物流站点之一，不少老上海滩的物流快递从这里出发。

图2-7　北苏州路上的怡和打包厂

进入20世纪后，外滩新一轮旧楼翻扩建工程纷纷开始，怡和洋行也不例外，新的怡和洋行大楼始建于1920年，竣工于1922年11月。由马海洋行英籍建筑师思金生设计，华商裕昌泰洋行承建，大楼占地面积2 100平方米，建筑面积14 300平方米。大楼外观为仿英国文艺复兴时复古主义派建筑风格（也有人说是新古典主义派康林特式建筑风格），钢筋混凝土框架结

图2-8　旧时怡和洋行

图2-9　1922年11月15日 怡和洋行竣工典礼

构。外墙用花岗岩垒砌,高七层,采用科林斯柱装饰立面,柱头柱底为四方形。墙身使用横线条粗凿块石,稳重坚实,是上海采用石料作为外墙面的早期实例。

整个大楼建筑平面呈"凹"字形,西面凹进,朝东立面呈三段样式。一、二层为一段,门和长窗为罗马拱形,以大块拉毛花岗石作外墙贴面,平整石块铺砌大门台阶,正门的两侧装有一对大壁灯,拾级而上,正面是两扇包钢大门,两侧各有4个月洞形高两层的钢窗,底层和二楼窗口之间用1米宽的紫铜色金属板相连。二楼有一个石雕羊头雕饰,每个窗口有雨披。

三至五层为第二段,三楼有石栏杆阳台,有4根巨大的科林斯圆形大石柱作为装饰和支撑,立柱间为阳台和石栏杆。

五层以上为第三段,层顶有较宽檐口,顶部为大平台,平台前有栏杆,中间是石屏,紧贴石屏建有一座圆顶,圆顶中心插有旗杆。同银行不一样,大楼内不设营业大厅,但是每间办公室的设计和装饰都十分豪华。

六楼屋檐较宽，屋顶有2米高的石壁。大楼南北两面外墙有同样的窗口、阳台、石柱及雕饰。大楼底层四壁和地面都用大理石铺砌，楼上各层走廊为马赛克地面，办公室均为细木条打蜡地板。顶部原是平台，前有栏杆，中间有石屏，正中上面还有圆顶，分为三段，顶上竖立旗杆，两旁也有石屏加圆顶，都雕刻着精美的人物、动物、帆船等图案。

太平洋战争爆发后，怡和洋行大楼被日本三井洋行强行接管占用，1946年恢复营业，但生意已大不如前，由于业务日衰，只好将大楼出租给昌兴轮船公司、海外航空公司、香港航空公司，还有英国大使馆一等商务参赞、财政参赞室及新闻处等在此办公。

1949年后，怡和洋行在中国大陆的大部分资产及生意被收归国有。1954年，怡和洋行在中国国内最后一家办事处亦被迫关闭，公司总部迁到中国香港。1955年，大楼由上海市房地局管理，供上海外贸局及所属单位使用。在1961年，怡和洋行首次在中国香港上市，获超额认购50多倍。1983年，又在其顶部加了两层，大楼顶部的原有风格走了样，原来顶部的平台、栏杆、石屏和圆顶被覆盖。到了1984年，怡和将公司注册地点由中国香港迁往百慕大，并在1990年初将公司及旗下多家子公司的上市地点从中国香港移至新加坡或者英国伦敦。经历百年沧桑，目睹香江变迁，怡和在中国香港回归前一刻转移重心离开香港。至今怡和洋行在中国香港仍然维持相当的业务，旗下子公司包括置地、牛奶公司、文华东方酒店、怡和太平洋、怡和汽车。投资的业务包括建筑（金门建筑）、地产（置地）、航运（香港空运货站、怡中机场服务、香港货柜码头）、零售（惠康超级市场、7-11、Pizza Hut、美心饮食集团）、投资银行、酒店（文华东方）、保险等，员工总数超过十万。怡和洋行在东南亚地区及英国亦有投资。尽管公司大部分业务仍然设在中国香港，但公司的运作总部已不在中国香港。

2009年底，劳力士旗舰店进驻外滩中山东一路27号，位于一楼零售区域的劳力士专卖店，将是其全球最大的旗舰店，面积达1 000平方米。在入驻前，大楼斥巨资8 000万元进行内部整修，该计划旨在恢复怡和洋行大楼的历史原貌，重现其在旧上海时期的辉煌。

图2-10　怡和洋行大楼外部修复后的景观

外滩27号整栋建筑修缮后保留了老建筑的部分原貌。沿着大楼内宽近4.9米的主楼梯拾级而上,楼梯踏步、高低墙裙、栏杆基座以及半平台和整层平台处均用大理石装饰,楼梯上还覆以铜质防滑面板。铸铁锻造型的栏杆上,镶嵌着精美的卷涡状锻件。在二楼的酒窖内,斑驳的老墙面被完全保留下来了,部分墙面的墙皮掉了,依稀可见里面裸露的钢管。来到大楼的三层,古老的木制地板、别致的老玻璃窗、旧式可移动的门挡板……让人仿佛能够触摸到90年前的古老气息。在三层的总统房内,一盏古老的水晶吊灯十分引人注目,这盏水晶吊灯已经有部分

图2-11　今日怡和洋行大楼的夜景

灯坏了，但丝毫不影响其折射出的沧桑味道。还有不得不提的是走廊里的马赛克地砖，一块块小小的地砖中很大一部分都保留了原来的砖块，其中绿色的"砖"实际上是使用玉嵌成的。

在上海近代史上，怡和洋行无疑是个强大的存在。从无所不包的进出口贸易到码头航运，从修筑铁路到投资工厂，在进入上海的一个多世纪里，怡和洋行的势力几乎渗透于每一个领域。上海，这个东方大都会成就了怡和"洋行之王"的霸业。

2. 仁记洋行

仁记洋行于1836年由来华苏格兰人创设，1844年开始以上海为基地，经营包括鸦片和茶叶在内的各种国际贸易。天津开埠后即到天津开设分行。仁记洋行的行址在英租界河坝路（今台儿庄路），由威廉·傅博斯（William Forbes）等人经营。仁记洋行主要经营生丝、茶叶、纸张、木材、五金等进出口业务。与怡和、宝顺一样，是首批抵沪的外资企业。

图2-12　仁记洋行

图2-13　仁记洋行原址现为优秀历史建筑

上海滇池路是外滩边上的一条小马路。当时英国的仁记洋行于1908年在这条路建了一排房子,因此,这条马路曾经被称为仁记路。滇池路100—110号仁记洋行大楼,由通和洋行设计,1908年竣工。仁记洋行是典型的英国安妮女王时期建筑,一片清水红砖墙面,白石灰勾缝,在分层处常用腰线,砌工横竖挺直,缝道整齐。大楼楼高3层(连屋顶层阁楼为4层),转角处为4层,原先带有圆锥形金属皮屋顶,现已改为平屋顶。

张秀莉(上海社会科学院历史研究所研究员):洋行中,有经营染料的,有经营药材的,包括有一些是经营机器的,还有一些经营生活日用品的,经营的种类不一样了,比较有名的是德孚洋行,德国的,德孚洋行几乎垄断了中国染料的进口。

马长林(上海市档案馆研究馆员):后来的盛昌洋行主要是做机械出口,是有分工的,早期是丝茶,后来做五金生意,包括化工染料,各种各样都做。

3. 太古洋行

太古洋行是近代中国影响力仅次于怡和洋行的商贸机构。其前身是约翰·斯怀尔(John Swire)洋行,创设于1816年。太古洋行主营航运业,1867年成立中国航业公司,额定资本100万英镑。1872年,设立太古轮船公司(China Navigation Co. Ltd),成为与怡和轮船公司、旗昌轮船公司并驾齐驱的三大航运公司。开辟沪港航线,1875年增辟长江航线，后陆续扩展中国沿海航线，以及到海外的航线。除航运业外，太古洋行还涉足其他领域。1881年收购香港岛鲗鱼涌多幅大型土地兴建太古炼糖厂，并于1883年正式投产。

太古洋行与对华贸易有着不可分割的关系。150年前，斯怀尔家族远渡重洋，来到远东，创建太古轮船公司，并最终发展为中国沿岸和内河航道数一数二的客运及货运企业，使太古洋行雄踞中国贸易市场。

图2-14　约翰·斯怀尔

实际上，从19世纪50年代初开始，约翰·斯怀尔父子公司一直把英国的羊毛和棉纺品从利物浦运到中国，委托在上海的洋行出售。但是这样的周折只是权宜之计。于是，约翰·斯怀尔决定与理查德·沙克尔顿·巴特菲尔德（Richard Shaekleton Butterfield），一位来自英国约克郡的羊毛制品商合伙，自己创办一家对华贸易洋行。太古洋行于1866年12月3日在福州路四川路口的吠礼查洋行（Fletcher & Co.）的老房子里开张营业，由约翰·斯怀尔的合伙者之一威廉·朗（William Lang）管理。

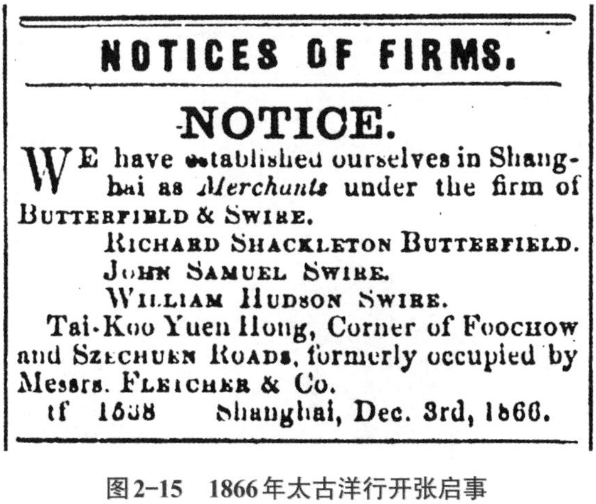

NOTICES OF FIRMS.

NOTICE.

WE have established ourselves in Shanghai as *Merchants* under the firm of BUTTERFIELD & SWIRE.

RICHARD SHACKLETON BUTTERFIELD.
JOHN SAMUEL SWIRE.
WILLIAM HUDSON SWIRE.

Tai-Koo Yuen Hong, Corner of Foochow and Szechuen Roads, formerly occupied by Messrs. FLETCHER & Co.

tf 1638　Shanghai, Dec. 3rd, 1866.

图2-15　1866年太古洋行开张启事

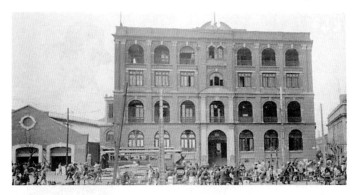

图2-16　1923年的太古洋行办公大楼

图2-17　20世纪20年代繁忙的法租界外滩太古码头和太古洋行办公大楼与大型仓库

图2-18　1912年上海太古洋行办公大楼内景

　　作为一家代理行，太古洋行主要从事商品贸易。但是除此之外，太古洋行还担任一家新的英国远洋航运企业——蓝烟囱公司（Blue Funnel Line）驻上海的代理，这家公司是斯怀尔在利物浦的朋友阿尔弗雷德·霍尔特（Alfred Holt）于1866年创设的。事实上，约翰·斯怀尔是在与蓝烟囱公司的业务交往中才开始产生在长江上经营航运的想法。斯怀尔预见到上海通过黄金水道——长江，将成为广袤的长江流域腹地产品和世界各地产品的集散地，遂把投资从商业转向航运业。这一转变使它从单一商行发展成为以太古洋行、太古轮船公司为核心的太古集团。

　　由于业务的不断扩张，太古船队的航行遍及中国沿海及内河。因公司轮船较多，岸上设施远不够用，浦西只有三座浮动码头，于是太古洋行又在浦东扩建码头。至1882年，在对岸浦东建造了华通码头，加上原有的浦东老太古码头，以及蓝烟囱码头，太古洋行的太古轮船公司在浦江两岸共设三处码头。1949年后，浦东华通码头划归上海港第一装卸区，改名东昌路码头。

图2-19　1890年的上海外滩

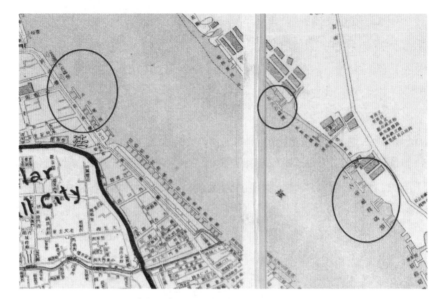

图2-20　1913年商务印书馆实测上海城厢租界地图中标注的
　　　　浦江两岸三处太古码头

图2-21　如今的太古洋行办公大楼旧址

航运业务造就了新的商机。由于太古轮船公司从爪哇及菲律宾进口蔗糖的贸易业务日益增长，加上有中国和日本两个现成的市场，促使太古洋行在香港岛鲗鱼涌临海区购入大片土地，成立太古糖业有限公司。太古炼糖厂的兴建工程不久便展开，并于1883年投入运作，成为当时全球规模最大和最先进的厂房之一。直到现在，太古糖依然占据中国很大的市场份额，在超市和餐厅里经常可以看到。

早年太古洋行在中国沿海多个小型口岸担任银行代理，太古庄银票一度是华南汕头的通行货币。该银票分多种面值，由伦敦专门印钞的公司Waterlow & Sons印制，以防出现伪钞。银票的发行和兑现由太古洋行汕头分公司严格管理，但在广东省，太古银票就像现金一样通行使用，直到20世纪30年代。

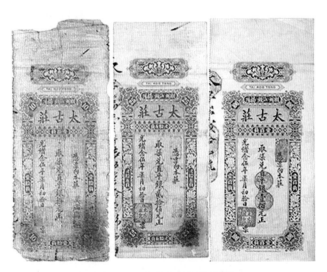

图2-22　太古庄发行的银票

由于业务的不断延伸，太古洋行从长江沿岸到东北都有分号或者办事处。太古洋行的总资本也发展到180万英镑，拥有地产614亩，占全部在沪英商地产的9%。1934年，太古洋行在位于公共租界和法租界交界处的雷上达路（今兴国路）和海格路（今华山路）路口兴建被称为Hazelwood的大班（总裁）宅邸，由苏格兰建筑师Clough Williams Eeuis设计。有趣的是此人从未来过上海，只是将图纸画好后寄到上海，然后通过每月的汇报和照片遥控进度。

至20世纪30年代，太古洋行已经发展成为上海乃至亚太地区数一数二的航运商贸企业，与怡和洋行、沙逊洋行并称英商洋行三巨头。然而一场浩劫正在慢慢逼近。

1937年"七七事变"后，中日战争全面爆发。起初，太古洋行仍能因英资身份免受战火波及，但到了1941年底，日本发动太平洋战争那刻起，太古在华经营了近七十年的基业就几乎毁于一旦。1937年11月，上海华界全部陷落，由于英美公共租界和法租界聚集了来自世界各地的外侨、使节和商人，日军暂未敢在租界内轻举妄动，但形势正危如累卵，华洋企业的生存空间也岌岌可危。雪上加霜的是为阻止日军追击，太古特意在上海与南京之间的长江水道上，凿沉了数十艘船只做障碍物，以此拖慢日军从水路前进的速度，长江航道因此变得更窄、更险。但太古轮船没有撤退自保之意，并坚持派出拖船和驳艇维持服务，来往于长江沿岸与上海租界，尽力保持战时中国的水上运输网。太古轮船分别以两组船队运作，在障碍物前后两端航行，每当船只驶近障碍前，即靠近岸边卸下货物与乘客，转以陆上交通转驳，在陆路绕过障碍水域后，再转上另一组船队继续前行，虽然耗时费力，但太古仍以此折中方法，与其他外资航企一起支撑着长江下游作战期间的航运。

1937年12月，日军终于兵临南京城下，大批中外难民涌上太古轮船撤退，其中"黄浦号"被认为是最后一批协助华洋人员撤离南京的船只之一，船上不仅挤满了大批逃避战火的难民，更接载了一批刚从英国参展返国、价值连城的中国艺术品，最终成功撤至汉口。在抗日战火中，太古轮船依然以上海租界和中国香港为中心，尽量保持着南北沿海及长江和华南的内河航线服务正常运作，穿梭各地维持客运和物资的来往。1941年12月8日清晨，日军连环突袭珍珠港和中国香港等地区，不宣而战，再次迅速进驻上海和天津等地的多个租界。

1945年8月日本投降后，中外企业纷纷重返上海，希望尽快从日本人手上取回各项资产。当时政商的形势十分复杂，多方势力都在明争暗夺各种商业利益，货币大幅贬值造成金融混乱，帮派在上海横行令

图2-23　1938年黄浦江边沉没的船只

治安状况堪忧。上海太古洋行向伦敦总部汇报："工运已成为上海的常态，不同帮派常常打斗，并使用各种手段吞并多项公共事业和工业。"

解放战争后期，随着人民解放军的节节胜利，在华外资企业根据形势，纷纷将企业资金外移。从总体上看，外资企业此时虽然处于衰败状态，但由于其长期垄断某些行业，在经济活动中仍起着举足轻重的作用。1947年2月至1948年1月，外国资本在上海进出口贸易中，经营比重占到44.4%；1948年上海共有沿海航船223艘，其中由英国资本所有的达167艘，大部分为太古洋行所有。中央财经委员会在1950年的《中国经济情况》中也做了同样的描述，认为国际贸易和沿海航运中，外国船舶将仍占重要地位，帝国主义对我国的贸易和交通事业，乃至上海公用事业仍有巨大的控制力量。

4. 德孚洋行

20世纪20—40年代的上海滩是旧中国的时尚风向标。20世纪20年代，爱美的青年女学生的穿着往往是上身一袭月白大襟布衫，窄腰宽袖，下身配以黑色绸裙皮鞋，她们手持书卷，袅袅婷婷地行走在上海滩上，成为彼时的一道靓丽风景。而到了20世纪30年代，上海滩忽然流行起中式旗袍，这种服饰因能够充分体现东方女性的曲线美而深受中

图2-24　德孚洋行阴丹士林布的广告

青年女性的欢迎。当时,上海滩上中式旗袍的主要面料就是以蓝色为基调的阴丹士林布。阴丹士林布以其不易褪色的品质深受20世纪三四十年代上海中青年女性的喜爱。

阴丹士林布由德孚洋行生产,德孚洋行由德国人德恩于20世纪20年代在上海创办,而阴丹士林则是一种还原染料的名称,是德文Indanthrene的音译,用这种染料染的布,不仅色泽光鲜,而且经久不褪色,德孚洋行生产的阴丹士林布正是因为使用了这种特殊的染料而深受人们的欢迎。

在广告中使用生活场景能够使消费者对于广告有一种亲近感,有效地缓解消费者对于广告宣传的排斥,从而使得消费者在一种不经意的状态中对商品产生认同。同时,人们在日常生活中普遍存在着一种从众心理,广告中的生活场景能够对潜在的消费者产生一种示范作用,诱导他们采取购买行为。正因为如此,许多广告非常重视广告场景的生活化,阴丹士林广告也不例外。

(二) 买办的出现

伴随着洋行的兴起,一种新型的职业——买办出现了。买办被上海人称为"糠摆渡",这是葡萄牙语"买办"一词的音译,他们介于华人与洋人之间以促成交易,《沪游竹枝词》里对买办的描述是"糠摆渡名不等闲,宁波帮口和香山,逢人自诩呱呱叫,身列洋行第几班"。

买办是一个特殊的经纪人阶层,具有洋行的雇员和独立商人的双重身份:作为洋行雇员身份的买办,得到外国势力的庇护,可以不受中国法律的约束;作为独立商人的买办,又可以代洋行在内地买卖货物或出面租赁房屋、购置地产等。

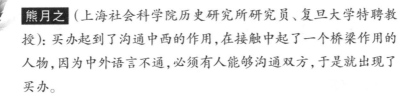

熊月之（上海社会科学院历史研究所研究员、复旦大学特聘教授）：买办起到了沟通中西的作用，在接触中起了一个桥梁作用的人物，因为中外语言不通，必须有人能够沟通双方，于是就出现了买办。

樊卫国（上海社会科学院经济研究所研究员）：最早的买办主要还是广东人，因为在近代以前清政府的对外开放主要是广州，主持对外贸易的是一个授权的机构叫作十三行，开埠以后上海超过广州成为中国最大的通商口岸，所以上海的买办成为近代中国恐怕是最大的一支买办队伍。

戴鞍钢（复旦大学历史学系教授）：现在买办被称为中外贸易的桥梁和纽带，这个评价是客观的。买办是中国早期中外贸易中必不可少的一批人，过去我们以为都是卖国的，其实不是，他们是最早愿意面对世界，迎接挑战的一批有想法、有闯劲的中国人。

鸦片战争以后，买办制度随着洋行业务的开展而发生了变化。买办阶层与外商利益上的共同点使其成为中国历史上一个极具独特色彩的集团，他们成了西方国家在政治上和经济上侵略和控制中国的工具。这些买办阶层既经营钱财的进出和保管，也参与业务经营和商品交易事宜，并常常代表洋行深入内地进行购销业务；与中国商人商定价格，订立交易合同，并凭借本身的地位，在货物的收付上取得双方的信任。他们逐渐成为外商对华贸易的代言人。

随着买办资本的日益增多，买办资产阶级逐渐形成。买办资本大部分来源于买办获得的佣金。顷刻间，"千金赤手可得"。另外，通过经营洋行，买办进行资金拆借，与钱庄一起赚取利息。

图2-25拍摄于1931年6月，是上海青帮老大杜月笙举办堂会时与各界名流的合影。最中间的这一位，就是当时上海滩鼎鼎有名的买办出身的商人虞洽卿。他不是上海商人里生意做得最大的，却当上了全国总商会的会长，连杜月笙都要敬他三分。拍完这张照片的5年后，上

图2-25　虞洽卿与杜月笙等大合影

海滩最繁华的一条马路以他的名字命名。虞洽卿究竟有什么样的才能,让他在上海滩的地位如此显赫呢?

　虞顺慰（虞洽卿之子）:因为乡下家境困难,所以读书读几年之后,经人介绍到上海,那么就进颜料公司。19岁就到公司,老板看中,股份给他,一步步出来的。他自己也做颜料,做买卖。

　吴松弟（复旦大学历史地理研究所教授）:我到过虞洽卿的家里面,他是宁波慈溪人,虞洽卿家里面穷得叮当响的,他是光着脚板,赤脚进上海的。

　樊卫国（上海社会科学院经济研究所研究员）:虞洽卿在当时有一个绰号叫作赤脚大仙,这个绰号怎么来的呢?他在当学徒的时候,有一次碰到下雨,他就把自己的一双布鞋脱下来,包起来,赤脚回家,他是舍不得这双鞋,一双新鞋给弄湿了,他是宁波人,也是很贫寒的一个出身。过去很小到上海学生意的人都是比较穷苦的，不是穷苦的人不会这么小就出来。

虞洽卿（1867—1945年），浙江慈溪人，中国近代爱国民族资本家、航运业巨子。1881年，年仅14岁的虞洽卿经人介绍，只身前往上海，在望平街上的瑞康颜料行当学徒。由于他工作勤快、善于招揽生意，很快得到老板的赏识，未及满师就升为跑街，负责联系业务。望平街上的同行竞相以高薪争聘虞洽卿，店主则用加薪、赠干股等办法设法笼络挽留。1892年起历任德商鲁麟洋行、华俄道胜银行、荷兰银行买办。自1898年起，在四明公所事件中参与同法租

图2-26 虞洽卿

界公董局的交涉。1906年发起组织万国商团中华队，1908年开办四明银行，后又组织南洋劝业会，任副会长。曾先后创办宁绍、三北、鸿安轮船公司，3家公司有船30余艘，总吨位9.1万余吨，为当时国内民营航运之冠。

虞洽卿早期的事业涉及金融、轮运、房地产、矿产等众多行业，从一开始就是有投机色彩的商人。就虞洽卿投资地产的方法来看，他很早就懂得今日所谓的"借壳生蛋"之法。如他曾借用创办公共设施的名义，援引官方力量介入征地，在兴建公共设施之后，"利用附属土地开发房地产或抵押图利""以公益之名圈地，事成之后，再划分部分土地以渔利，或变更用途以造房牟利，此种官商勾结开发房地产的策略，虞洽卿当时就运用自如"。

在辛亥革命时期，虞洽卿非常支持抗日活动，为抗日人士提供一些开会场所，还常常为抗日人士捐款，以解决他们的经济困难。不仅如此，虞洽卿对慈善事业也相当积极，经常为百姓铺路，建立学校，所以在民间的口碑是极好的。1920年合伙创办上海证券物品交易所，任理事长，又任全国工商协会会长、上海总商会会长等。五卅运动中，以上海

总商会五卅事件委员会名义,擅自修改向帝国主义者提出的交涉条件,提出停止罢市。抗日战争时期,在上海组织中意轮船公司,并任上海难民救济会会长,办理平粜米获取利润。

马长林（上海市档案馆研究馆员）:他最初在颜料行做跑街的,后来看到外国人也经常跟他做生意,他就到基督教会学英语了,他能够讲一口洋泾浜的英语,外国人也听得懂,也不是很标准,主要和外国人搞熟,后来一个外国人看中他非常聪明,于是到鲁麟洋行,先做跑街,后来做副买办,后来就做总买办,他就这样慢慢地发展起来了。

樊卫国（上海社会科学院经济研究所研究员）:由于买办的门槛相对比较高,第一要懂进出口贸易的程序和规则,第二要懂外语,第三本人又需要是一个殷实的商人。买办是要有人担保的,担保的同时还要有一定的市场关系,洋行才会聘请你做买办,所以买办在当时成为一种稀缺资源,其在贸易当中也获得了比较高的利润。

四明公所,由宁波人所创立,以宁波四明山为名,是一个类似于同乡会的组织,深得宁波人的支持。1898年,法租界公董局依仗特权,以筑路为名,强行征收并且派兵拆除四明公所的围墙。年轻气盛的虞洽卿与同乡前辈奋起反抗,并鼓动洗衣工人罢工。

马长林（上海市档案馆研究馆员）:虞洽卿通过这个事情把社会知名度提高了,那个时候他才30多岁,这个是头一次,第二次是1905年大闹会审公堂事件,更加使他出名了。

四明公所事件和大闹公堂案,让虞洽卿不断出现在公众视野,并充分显现了其才干,渐渐地,他成了上海滩妇孺皆知的大闻人。

1906年,虞洽卿赴日本考察,回国后决心发展实业。1908年,他与一批旅沪的宁波籍人士开办了四明银行。1909年，虞洽卿又开始投资航运业，先后创办宁绍、三北、鸿安轮船公司，经营上海至宁波、上海至汉口的航线，获得巨利，成为当时国内民营航运企业之首。1924年虞洽卿当选为上海总商会会长。

李天纲（复旦大学哲学学院教授）：很多买办都转成了上海的民族资本家，都变成了第一批的商人，第一批的投资工业资本、投资房地产就不说了，零售额也不说了，变成了工业资本家的都不在少数。

马长林（上海市档案馆研究馆员）：虞洽卿本身也是买办出身，后来他也投资了许多企业，包括后来的宁绍轮船公司、三北轮船公司，他担任总商会的会长，他有了一定的社会地位以后和政治关系，跟政权关系也密切了，辛亥革命爆发前也资助过陈其美，辛亥革命时期虞洽卿也是有功之臣。

在20世纪初动荡不安的时局里，为了寻求稳定的商业环境，商人阶层不得不寻求政治上的庇护，虞洽卿也是如此。他应时而变，参与不同的政治事件，呈现出截然不同的政治态度。辛亥革命中支持上海光复；五卅运动中，抵制英货、提倡国货、筹款维持罢工；却又在蒋介石发动"四·一二"反革命政变时给予财力支持，成为蒋介石背后的政治商人。

马长林（上海市档案馆研究馆员）：蒋介石在南昌的时候，虞洽卿专门到南昌去见了蒋介石，实际上有一点像我们通俗讲的"投名状"的意思，所以蒋介石到了上海以后，虞洽卿当然作为支持拥护蒋介石政权的得力人物受到重视。后来他跟蒋介石，特别是在抗战时期，他还是对蒋介石抗战政权有一些行动，还是做了支持，包括在重庆，他从国外购买了许多车辆支持抗战运输等，所以虞洽卿这个人物也是著名人士，经历非常复杂。

1945年4月26日,虞洽卿病逝于重庆。从乡下的穷孩子,到上海滩的大买办,再到手眼通天的政治商人,虞洽卿的人生轨迹穿插于早期上海贸易的发展历程,相互印证。

戴鞍钢(复旦大学历史学系教授):中国早期贸易,特别是上海早期贸易离不开买办。

樊卫国(上海社会科学院经济研究所研究员):买办在19世纪70年代到民国初年,就是20世纪初期这个大概四五十年的时间里在对外贸易当中的作用是很大的,如果离开了买办,中国的华商得不到进口货,而中国的出口商如果离开了买办也很难把自己的商品直接出口,所以买办实际上占据了中国市场的一个优势,又占据了对外贸易关系的一个优势。

上海贸易的发展离不开金融业,而谈及旧上海金融业的买办巨头就不得不提到席氏家族。鸦片战争之后,上海开埠,外商云集,来自洞庭东山席氏家族的席元乐携家迁居上海。席元乐到达上海之后,凭借家中雄厚的资本,其长子席素煊和四子席素贵先后办起了钱庄,经营得有声有色。

清朝同治后期,兄弟二人相继踏上买办之路。席素煊加入的是英资麦加利银行(渣打银行前身),懂英语的席素贵则通过舅舅沈二园的大力举荐,进入了汇丰银行,从最底层的"跑楼"(即业务员)做起。

1874年,清政府面临沿海防务上的危机,向汇丰银行提出福建台防借款,数额达白银200万两之巨,这是清政府第一次向外国银行借款。当时的买办王槐山心里没有底——不借吧,怕得罪了朝廷;借吧,这么大的款项,何时才能收回?英国老板能同意吗?一旦收不回,当买办的可是吃不了要兜着走的。思来想去,就找了当时的跑街席素贵作替身去天津联络。

精明的席素贵认为,朝廷有求于汇丰,不正可以借此沟通汇丰与朝廷的关系吗?天津是北洋大臣李鸿章的衙门所在地,到了天津,席素贵看清了时事：中法战争迫在眉睫，清廷必须要购买大批军火，如果汇丰不能借款，清廷将向其他外资银行贷款。经过反复交涉，席素贵终于办成了这笔借款。这个大项目拿下来，显示了席素贵的胆识和才干，从此席素贵便坐上了汇丰银行买办的位子。

席素贵当上了汇丰银行买办，同时也受到了清朝大臣李鸿章和左宗棠等的赏识。为了获得巨额贷款，他们争相拉拢席素贵，李鸿章还特意上书朝廷，替他保荐官职，席素贵获得二品衔红顶花翎，又捐了道台一职。他依靠与清廷的关系和汇丰银行买办的身份，左右逢源。1874—1890年，清政府向汇丰银行借款17笔，绝大多数是由席素贵一手经办的，他因此得到了大量佣金，而汇丰银行的业务也蒸蒸日上，更对他优渥有加。

当时上海的钱庄为了获得流动资金，常常向外商银行借款，再用这部分钱贷给大小商号以获取利润，由于席素贵掌管了汇丰银行借款的签字盖章权，几乎所有的钱庄都求他入股，或聘用他介绍的人当助手。同时，席素贵广泛投资钱业、银楼、典当、金号，还在浦东以及南京路、凤阳路一带购置了诸多房产。1905年，席素贵寿终正寝。祭奠之日，从外滩到凤阳路席家，沿途各个路口都搭了白布帐篷，在中外商家及一些外国银行的门口都设置了坛台路祭，公共租界巡捕还武装护送这支送殡队伍从南京路上通过。当时在上海滩死后能够享受这种待遇的买办，也仅席素贵一人而已。

席素贵有五个儿子，长子席裕成子承父业做了汇丰银行买办；次子席裕昆曾任营口大清银行经理，席裕昆的儿子席德熏曾任美商运通银行副买办；三子席裕光先后任美商宝信银行买办、户部银行上海分行副经理、大

图2-27 上海巨鹿路席家花园

清银行上海分行协理,席裕光的儿子席德懋历任华义银行买办、中央银行业务局局长和中国银行总经理,席裕光的另外一个儿子席德炳曾任上海中央造币厂厂长;四子席裕美曾任台维银行买办;五子席裕奎历任大清银行汉口分行经理、英商汇丰银行副买办、日商住友银行买办、英商有利银行买办。

席家其他子弟在中国人自办的官营、民营银行中出任经理、副经理和其他高级职员的也很多,席氏家族又将积累起来的巨资开设钱庄、纱业银行和惠丰银行。除了从事金融业外,经营活动还遍及其他领域,像席春元的席华丰丝栈、席守愚的大纶绸局,在上海丝绸业中都是赫赫有名的,席守愚还当上了上海绪纶公所会长,成为上海绸缎业的领袖。再如席德灿投资阜丰面粉厂,席裕成投资公益纱厂和浦东的滩地等,席素煊也在多处从事房产经营。

据统计,19世纪末到20世纪初,外商在上海开设有较大影响的银行和洋行20多家,其中13家外商银行由席氏家族(包括女婿)中的23人先后担任买办,两家洋行的买办由席家中的5人担任,这在近代中国是独一无二的。有钱有势的席氏家族成为上海滩上风云一时的金融世家,甚至有外媒称其为"中国近代金融第一家"。

二、租界与贸易

（一）租界的自由经济

　　上海海纳百川、兼收并蓄的建筑风格，让这座城市充满了独特的魅力。而这些海派建筑风格的形成，离不开那个特殊的年代。上海开埠后，黄浦江边出现了一个特殊的区域，那就是租界。近代相当长的时间里，上海市政格局为三界四区，三界包括华界、公共租界和法租界。那时的上海贸易主要在租界里进行。

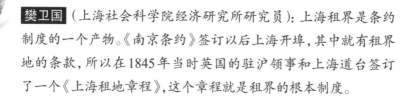

　　樊卫国（上海社会科学院经济研究所研究员）：上海租界是条约制度的一个产物。《南京条约》签订以后上海开埠，其中就有租界地的条款，所以在1845年当时英国的驻沪领事和上海道台签订了一个《上海租地章程》，这个章程就是租界的根本制度。

　　熊月之（上海社会科学院历史研究所研究员、复旦大学特聘教授）：租界对于上海贸易的发展有至关重要的意义，租界一开始仅仅是租给外国人经商的一块地方，这个地方的主权还是中国的，而且一开始规定是华洋分处的。租界只许外国人住，中国人不许住在这里，因此一开始租界中国人进去买菜，中国人进去扫地，中国人进去帮佣，但是中国人不得在这里买地造房子，这叫华洋分处。

　　华洋分处时期的租界，发展极为缓慢。然而，几年之后的战乱，却打破了这种局面。1853年，太平天国的军队打过长江，富庶的江南成了战场，加之小刀会占领上海城，大批逃难民众涌入租界，租界人口从1853年前不到300人，骤增至2万人；到1864年太平天国运动平息时，租界人口更创纪录地达到了50万人。

　　当时的租界有个好处，小刀会不打租界，太平天国也不打租界，租界就成了一块可以避战的宝地，这些由于战争的原因流到租界的难民带来三样东西：第一个是大量的资金；第二个是人才，有很多人本来是做生意的，他们来了之后就经商；第三个是劳动力，还有一些既不是很有钱的，也不是经商的，但是他们带来了劳动力，还刺激了租界里消费的发展。

　　租界的管理当局对市场主体不太干预，由此市场主体获得了一种经济自由。就是要经营什么东西，要干什么，要投资什么，没有人管，而这种经济自由相对来讲在晚清的时候尤其可贵。

　　熊月之（上海社会科学院历史研究所研究员、复旦大学特聘教授）：这样就导致我们看到那么多的企业都拥挤在租界里面，我们看到的从事贸易的最好的大型公司全部都在租界里面。

（二）银行业的繁荣

　　为了适应贸易扩大的需要，西方侵略者已经渗透到与之相关的各个领域。其中，在中国开设银行成为他们在中国实现侵略利益的重要手段。从1847年第一家外国银行在上海设立机构，到1949年新中国成立的100多年里，帝国主义在上海开设了数十家银行，这些银行大多都选择落户外滩。

　　熊月之（上海社会科学院历史研究所研究员、复旦大学特聘教授）：上海最早开辟起来的就是贸易方面，是跟贸易有关联的，因为要买卖必然就跟金融有关系，买的时候要有钱，卖出去以后钱要流通起来，所以紧跟着上海贸易中心形成以后，金融中心马上就会跟着起来了。

在上海近代史研究资料中，曾有人认为上海最早的外国银行是麦加利银行（1857年在上海开设分行），而实际上在上海出现的第一家外国银行应该是丽如银行（Oriental Bank，又称东方银行）。

 樊卫国（上海社会科学院经济研究所研究员）：最早的外资银行是英国的丽如银行，大概是1847年登陆上海滩，此后英国的、法国的、德国的、俄国的、日本的、美国的大量银行在上海建立。这些银行大部分也建在租界，所以上海金融一条街当时主要是外资银行，当时街上最大的、最雄伟的建筑就是英国汇丰银行。

丽如银行原先是总行设在印度孟买的一家英国皇家特许银行，原名西印度银行（Bank of Western India），后与锡兰（今斯里兰卡）的锡兰银行（Bank of Ceylon）合并，改称丽如银行（Oriental Bank），并于1845年将总行移至伦敦。当时，英国正在力图扩大对华贸易，丽如银行作为英帝国主义侵略中国的金融堡垒，先后在中国香港（1845年）和上海（1848年）开设了分行。它通过经办国际汇兑等，从包括鸦片贸易在内的英国对华贸易中攫取了巨额的暴利。作为特许银行，丽如银行在发挥殖民地银行的职能方面得到了英国政府的特别庇护和支持，"皇家特许状"甚至授予其在中国的"发行银行的资格"。据资料记载，19世纪50年代，当时上海流通的钞票大都是由丽如银行发行的。

图2-28　丽如银行

戴鞍钢 （复旦大学历史学系教授）：所以先有商业，再有金融，金融是服务于商业，当然金融也推动了商业。所以上海的金融业有着非常生动丰富的画面，你中有我，我中有你，这样才能够理解为什么上海是金融中心。一百多年里，上海一直是金融中心和中国第一大港，同时也是中国排名第一的贸易口岸，理所当然成为第一金融中心。

三、贸易线路的开辟

（一）上海铁路老北站

上海对外贸易的繁荣很大程度上得益于优越的港口运输环境。上海地处中国大陆海岸线的中点、长江的出海口，加之长江三角洲境内黄浦江、大运河和密如蛛网的江南水道使它有着无与伦比的港口优势。然而，随着贸易的不断发展，在沪外商开始寻求陆路交通的开拓。

在上海天目东路200号坐落着一座具有英式古典建筑风格的楼房，老上海人都知道这是大家最熟悉不过的"老北站"，也就是曾经的沪宁铁路上海站所在地。2004年，在原址上重建的上海铁路博物馆开馆，多年来静静诉说着中国铁路的历史。

在甲午战败后，当时的湖广总督署理两江总督的张之洞曾两次提出要修建沪宁铁路，但是当时的清政府是先修筑了淞沪铁路，而后才建造了沪宁铁路。沪宁铁路是当时的清政府迫于英国的压力而贷款建造的，也是当时清政府末期注入资本、浪费最严重的一条铁路。沪宁铁路在1905年的4月开工，于1908年4月正式全线通车。

李天纲（复旦大学哲学学院教授）：铁路交通在20世纪以后是很重要的，因为它打通了江南水乡以外整个中国的交通线。

熊月之（上海社会科学院历史研究所研究员、复旦大学特聘教

图2-29　上海老北站

授）：我们讲运河仅仅是讲不同的方向，南北的方向，铁路还可以
考虑到高低的问题，有山路，有平路，有高有低，铁路是可以冲破
这方面的限制，因此铁路的建造对于运输，对于商业起了至关重
要的作用。

　　老北站，即上海北火车站，位于现在的静安区天目东路与宝山路
交口。1950—1987年曾称上海站，直至上海火车站（新客站）建成后停
用。新的上海火车站建成后，上海北火车站被上海人习惯称为北站或
老北站。今日看到的红白相间的英式古典风格建筑是在2004年按原
比例80%复原，在原址上所建成的上海铁路博物馆。

　　1908年沪宁铁路建成后，当时上海站设立在界路（现天目东路）宝
山路口。最初站屋为6间平房，其中2间作候车室。次年，车站前又建
了座四层办公大楼。这栋办公楼为英人设计，底层外墙用青岛石构筑，
第一层楼以上均用钢柱支架横梁，红砖砌墙，饰以浅色条形嵌石，配大
理石廊柱和拱形门窗。这幢楼在当时堪称"构筑精美、气势雄伟"，人
们把它作为上海站的标志。

　　1916年12月，沪宁、沪杭铁路接轨，沪宁铁路上海站成为两路总
站，改名上海北站。1932年，日本帝国主义者挑起"一·二八事变"，

沪宁铁路局的四层办公楼房毁于战火。翌年修复后，又在1937年"八一三事变"中再遭日机轰炸破坏。抗日战争胜利后又进行了修复。

1987年12月，铁路上海新客站正式启用后，往常热闹的上海北火车站退役了，逐渐在人们的脑海里被淡忘了。然而从1909—1987年，这座有着近80年历史的老火车站承载了历史上的无数风雨和无数南来北往的客人，在上海历史上扮演了不可或缺的重要角色。

2004年8月，在上海铁路局建局55周年之际，上海铁路博物馆在老北站原址上建成开放，现为上海市科普教育基地。2017年12月，入选教育部第一批全国中小学生研学实践教育基地、营地名单。

上海铁路博物馆的整体布局有比较浓重的

图2-30 上海铁路博物馆

铁路往事般的历史氛围：室外的广场展区营造了一个早期铁路火车站的场景，笨重的蒸汽机车和木结构的月台雨棚显得饱经岁月沧桑。博物馆的4层主楼以80%的比例按照1909年建成的沪宁铁路上海站原样建设，再现了当年上海站的英式古典风格风貌。

上海铁路博物馆以科学发展观为指导，以史料和实物为主要载体，展示从19世纪六七十年代铁路进入中国后，上海及华东铁路一百多年来所走过的历程，突出反映铁路生产力的变化和发展。馆内分6个部分，有50余个展项，近千件展品。内有珍贵的铁路老设备、老器材和历史图片，还有融知识性、趣味性于一体的可让观众参与的科普项目。

（二）吴淞铁路

1849年，《中国丛报》上刊登了一篇鼓吹在中国修建铁路以扩展外国在华贸易的文章，其中提到要在上海修建两条铁路，一条延伸至杭州，另一条通往苏州。随后，上海的外商和英国领事分别请求修建上海至苏州的铁路,但均被否决。

于是,英方转变策略,在未经清政府同意的情况下私自修建了一条从上海闸北通到吴淞口的铁路,名为吴淞铁路。

 吴松弟(复旦大学历史地理研究所教授):造这条铁路也是没有经过政府的批准,造好以后中国老百姓也看热闹,有反对的,结果一不当心把看热闹的人压死了两个,老百姓群起而攻之,大家气急了,就开始闹事,后来就拆掉了。

吴淞铁路是淞沪铁路的一段,淞沪铁路是中国第一条营业铁路,是从吴淞码头到上海县的窄轨铁路,因吴淞江蜿蜒流过得名。该铁路由以英国怡和洋行为首的英国资本集团修建,1876年建成通车,全长14.5千米。翌年清政府赎回拆除。20年后(1897年),清政府以官款再建淞沪铁路,线路大体循原来走向,终点延至河南北路,全长16.09千米,1898年恢复运行。

1876年7月3日淞沪铁路江湾段正式通车时,由于此前中国从来没有过铁路,铁轨两旁观众"立如堵墙"。此后的100多年间,淞沪铁路见证了上海开埠后的荣辱兴衰,也经受了淞沪会战炮火的洗礼。淞沪铁路是中国第一条正式投入运营的铁路。当年海上物资经由淞沪铁路运往市区,为上海的经济和社会发展做出过重要的贡献。

随着时代的变迁和上海城市交通的发展,这条中国铁路的"前辈",正逐步退出历史舞台。2000年轻轨明珠线开通后,原淞沪铁路南段(老北站—江湾)和北段(何家湾—吴淞大桥)已拆除。目前只有中段江湾—何家湾部分作为沪宁铁路的支线,仍在"发挥余热"。

1872年,淞沪铁路第一期工程的终点站就设在江湾镇。1874年,由英商怡和洋行集资兴筑铁路。1876年7月3日,从天后宫北(今河南北路、塘沽路路口)到江湾段正式通车。1876年12月1日,全长14.5千米的中国第一条铁路——淞沪铁路全线建成通车。光绪二十一年(1895年),署理两江总督兼南洋通商大臣张之洞,援北洋修筑军用铁路之例,先后两次向清政府总理衙门建议修筑吴淞至江宁之间的铁路,认为修筑此路"有益商务、筹款、海防三端"，并建议此路分为5段筹办，以"吴淞至上海、上海至苏州、苏州至镇江、镇江至江宁以及苏州至杭州各为一段，筹一段之款，即办一段之路"，并提出预算及筹款办法。当时清政府在甲午战争中败于日本，迫于全国舆论，宣布施行"力行实政"政策，表明要改变过去在建设铁路问题上的拖延态度。光绪二十二年（1896年）清政府下令给甲午战争后的两江总督刘坤一，要他对张之洞建议修筑吴淞至江宁铁路一事"实力筹办"。其后，张之洞与直隶总督王文韶会奏将吴淞至江宁铁路划归盛宣怀主持的铁路总公司办理。经清政府允准并批示以官款"先修淞沪、后筑沪宁"。据此，吴淞与上海之间的淞沪铁路得以再建。

光绪二十二年（1896年）12月1日，铁路总公司在北京正式成立，以盛宣怀为督办，同时在上海设立事务所。铁路总公司因兼办淞沪铁路，不久将总部迁至上海。铁路总公司成立之初，清政府将修建芦汉铁路的余款移作修筑淞沪铁路专用。淞沪铁路是清政府用官款修建的江南第一条铁路。

光绪二十三年（1897年）正月二十六日，淞沪铁路开工，由盛宣怀亲自驻沪督造，并聘德人锡乐巴主持造路事宜。线路大体循原吴淞铁路走向，利用部分旧路基。翌年（1898年）6月18日全线竣工，6月19日举行落成典礼，7月16日正式通车营业。全线建设费用计92.58万银两。至光绪三十年（1904年）归并沪宁铁路改称"淞沪支线"时止，铁路总公司前后共投资109.9万银两。淞沪铁路归并沪宁铁路管理后，经过多年运营、扩建，线路、站场设备已有较大的变化。

"一·二八事变"时，淞沪铁路沿线站屋全部损毁，线路桥梁被炸。停战后，线路修复，但沿线站屋直至1934年才重新建成，客货运输逐步恢复至战前水平。1937年上海沦陷后，日军铁道兵将被破坏的淞沪全线修复。1939年4月华北交通株式会社（简称华铁）成立，淞沪铁路更名为吴淞线。抗日战争胜利前夕，华铁将吴淞线何家湾以北自10千米处至炮台湾一段线路拆除。抗日战争胜利后，铁路局又将何家湾至蕰藻浜一段修复。1949年5月，国民党军队困守上海时，张华浜站被溃兵纵火焚毁，全站24股道、42组道岔全遭破坏，铁路机具器材全部被劫散失。

1949—1962年,淞沪铁路继续办理市郊旅客运输业务。1962年,上海公共汽车使用大型客车,市北公交线路延伸至吴淞镇及上钢一厂等处,行驶线路基本上与淞沪铁路平行,加上淞沪铁路客货列车对闸北、虹口的市区平交道口人车通行干扰较大,经上海市有关部门与铁路局议定,淞沪支线旅客列车于1963年初全部停驶。其后,淞沪铁路何家湾至宝山路区段改作货物运输线使用。

据说在吴淞铁路通车不到一年的时间里,乘客人次超过了16万,而当时的票价是上座收洋半元,中座收洋二角五分,下座收制钱120文,可谓昂贵。吴淞铁路运营一年后被清政府拆除,直到1896年,在时任铁路大臣盛宣怀的奏请下,铁路又被重新修筑起来,改称为淞沪铁路。淞沪铁路是中国最早一条营运铁路,在历经一百多年的风雨后,于1997年拆除,在沧海桑田的巨变之中,淞沪铁路见证了上海开埠后的荣辱兴衰,和上海风雨同舟已有140年之久。

为纪念这条铁路,如今在上海广纪路原天通庵站出口的广场上,竖立着一座由钢轨和车轮组合的纪念性雕塑;而当年的吴淞镇站经上海宝山区有关部门按原貌进行修建,又重新矗立在当年淞沪铁路吴淞镇

图2-31　吴淞镇站旧址纪念地景观

站的旧址，铺有一段钢轨，安放着一台老式的蒸汽火车头，还有木板房式候车室、吴淞站站牌和隔离木栅栏……免费接待着来自全国各地的参观者。

（三）沪宁铁路

据《清季外交史料》记载，1895年7月和10月，署理两江总督张之洞先后两次向总理衙门提出修筑沪宁铁路的建议。1903年，铁路总公司督办盛宣怀与英商怡和洋行签订借款合同，先后共借款290万英镑。1905年4月，沪宁铁路开工修建。

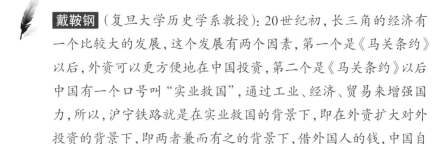

戴鞍钢（复旦大学历史学系教授）：20世纪初，长三角的经济有一个比较大的发展，这个发展有两个因素，第一个是《马关条约》以后，外资可以更方便地在中国投资，第二个是《马关条约》以后中国有一个口号叫"实业救国"，通过工业、经济、贸易来增强国力，所以，沪宁铁路就是在实业救国的背景下，即在外资扩大对外投资的背景下，即两者兼而有之的背景下，借外国人的钱，中国自己造铁路。

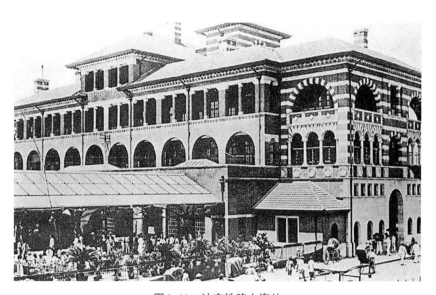

图2-32 沪宁铁路上海站

　　1908年4月1日,沪宁铁路建成通车。通车时名义上派有华人主持事务,但管理实权在英国人手中。沪宁线起自上海站,经昆山、苏州、无锡、常州、丹阳、镇江等市,终止于南京下关,全长311千米。

(四)沪杭铁路

　　沪杭铁路是一条从上海闸北区通往浙江杭州上城区的铁路,1906年动工,1909年建成,全长189千米,共有车站36个。它与沪宁铁路相连,并与浙赣铁路、湘黔铁路和贵昆铁路等共同构成了中国中南部地区的一条东西向铁路干线,是中国东南沿海主要东西干线组成部分,也是沟通苏、沪、浙三省市的交通干线。

　　1905年7月24日,为了抵制帝国主义侵略,夺回浙江铁路建筑权,在旅沪浙江同乡会(此会是清末革命组织光复会的基础)支持下,汤寿潜与张元济等160余人在上海斜桥洋务局集会,决定成立商办浙江全省铁路有限公司(简称浙路公司),集股自办全省铁路。1905年开始勘测设计沪杭铁路。1907年8月,铁路江墅线竣工通车,结束了杭州没有铁路的历史。1909年8月13日,沪杭铁路沪枫、杭枫两段接轨,沪杭铁路浙江段建成通车。

　　由于当时杭州拱宸桥是日本租界,那里商业发达,经济繁荣,因此汤寿潜最初设计的图纸,是把沪杭铁路终点站定在艮山门,并准备从艮山门再铺一支线到拱宸桥。对于这个设想,汤寿潜很满意,但他万万没想到,他的设计只着眼于经济,却忽视了政治因素。

　　那一年,汤寿潜的爱婿马一浮从欧美游学归来了。尽管马一浮当时才20多岁,可汤寿潜很喜欢和他聊天。一天,马一浮来汤家做客,那时汤寿潜正与幕僚们在商议铁路设计图纸,他便请女婿也来参议。谁知马一浮看后却一把将图纸撕成两半。"这是为啥?"幕僚们大惊失色。马一浮似乎有些激动,他说:"中国人造铁路要为中国人着想。为什么不把终点站定在闹市区的羊市街(今江城路),再铺一条支线到南星桥,以便水陆衔接和今后铁路南延,而要把终点站定在艮山门,铺支线到拱宸桥租界去方便日本人呢?"幕僚们面面相觑,最后都看着汤寿潜。汤沉吟片刻,觉得马一浮的话言之有理。不愧是自己的爱婿啊,给他们上了一堂生动的政治课。汤寿潜不但不以马一浮撕图纸为无礼，还按马的方案把艮山门改为货运站，而把终点站定在羊市街北端城内（即今天的杭州城站火车站，1909年沪杭铁路通车后，在火车站附近建筑20米弹石路，为杭城第一条汽车路）。

火车第一次轰鸣着从上海来到了杭州，沿着贴沙河，驶入了城站，那声浪，和民众的力量一样巨大。仪式结束后，更多的人依旧聚集在城站，久久不愿散去。坐在汽车里，汤寿潜听到市民唱起了新的民谣："铁路燃蜒几曲长，分支两沪越钱塘。奇肢飞舞超龙凤，分付夸娥凿女墙。"

1909年8月13日，沪杭铁路全线通车。筹划中的沪杭铁路原本从上海起始，经枫泾、嘉善、嘉兴、桐乡、长安直达杭州，这是一条比较直的线路。然而机缘巧合的是，桐乡各界认为，铁路要经过农田、坟地、住屋，如此怪物异声会破坏了他们的风水，因此坚决拒绝征购土地，并遭到当地地主绅士的极力反对。

不过，海宁各界和上层人物却出奇地开明，非常欢迎铁路，吴小鲁、许行彬（同盟会员、参议员）、徐申如等人认为，如果铁路经由海宁是一件大好事，交通一发达，何事不可办！遂力促沪杭铁路从嘉兴起弯道南下，经硖石、长安、临平到杭州。改线后在硖石形成一个约80度、半径约440米的大弯。这样的图纸，呈报到浙江铁路督办汤寿潜那里后很难被批准。于是徐骝良想了一个办法，把杭州到枫泾的浙江省段内铁路路线图纸分两张绘制，一张是杭州到硖石，另一张是硖石到枫泾。两张图纸分开时，弯度都不大，几乎是直线。汤寿潜看了图纸后，以为铁路路线南移方案十分可行，便批准了。

当时，沪杭铁路从枫泾至上海这一段，由江苏省负责施工，枫泾到杭州这一段，由浙江省负责施工。为了促成改道硖石段铁路早日建成，避免节外生枝，徐骝良把浙江省段铁路从两端同时施工，一端是从杭州向硖石施工，另一段由枫泾向硖石施工，尽量减小铁路走向再次变动的可能。沪杭铁路通车后，交通的便利带动了硖石的繁盛，不久海宁县政府从古镇盐官迁到了县域偏东北端的硖石，也就是现在的海宁城区。

沪杭铁路建成后对促进浙江，尤其是杭州、嘉兴的经济发展起到了巨大的推动作用,极大地促进了沪、嘉、杭三地的经济、文化交流。可以说,沪杭铁路与沪宁铁路一起,为长三角地区成为近代中国最繁华的地区奠定了基础。令人遗憾的是,在1937—1945年,沪杭铁路被日本人占领,成为日本侵略者掠夺中国财富的运输线,直至今天我们还能在沪杭铁路沿线看到日据时代留下的炮楼。

抗战胜利后,沪杭铁路重新回到祖国怀抱。解放以后,党和政府投入大量资金对沪杭铁路进行改造,沪杭铁路开始进入快速发展时期。1980年4月1日,沪杭线开始使用内燃机牵引旅客列车。1991年末,沪杭铁路双线改造完成,1991年12月27日上午,在长安火车站举行了沪杭线复线通车典礼。2005年,铁道部又对沪杭铁路进行电气化扩能改造。2006年9月,电气化扩能改造完成,沪杭铁路上每6分钟就有一趟列车开出,杭州到上海的运行时间也从过去的150多分钟缩短到90分钟以内。2007年4月18日,沪杭线首次开行和谐号动车组。从此,沪杭铁路跨入我国现代化铁路干线行列。

图2-33 沪杭铁路跨苏州河铁桥

四、国货运动的兴起

（一）鸿生火柴厂

大量洋货的入侵，对中国的传统土货产生了巨大冲击。郑观应在《盛世危言》中写道："洋布、洋纱、洋花边、洋袜、洋巾入中国，而女红失业；煤油、洋烛、洋电灯入中国，而东南数省之柏树皆弃为不材；洋铁、洋针、洋钉入中国，而业冶者多无事投闲……"

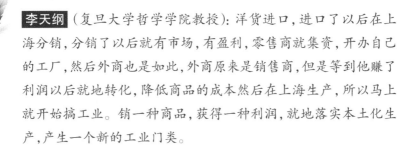

李天纲（复旦大学哲学学院教授）：洋货进口，进口了以后在上海分销，分销了以后就有市场，有盈利，零售商就集资，开办自己的工厂，然后外商也是如此，外商原来是销售商，但是等到他赚了利润以后就地转化，降低商品的成本然后在上海生产，所以马上就开始搞工业。销一种商品，获得一种利润，就地落实本土化生产，产生一个新的工业门类。

马长林（上海市档案馆研究馆员）：贸易以后，因为船要过来，就产生了一些最初的修造，包括加工和加工的工厂，即我们看到的工厂。1850年前后在上海已经有十几家修船厂。另外，贸易的丝绸加工最初是外国贸易商把蚕茧采购过去，到本地去加工，后来外商在上海设了一个丝绸加工厂，也成为上海工业建设的品种之一，在这个基础上发展棉纺厂，在当地加工棉花，所以这又是一个影响,上海工业城市发端是跟贸易密切相关的。

面对洋货的冲击,上海的民族工业随之兴起,也涌现出一批民族资本家。火柴大王刘鸿生就是其中之一。刘鸿生出生于上海一个买办之家。他17岁入圣约翰大学,21岁进英商上海开平矿务局成了一名煤炭推销员。他从跑街先生做起,一直做到开平煤矿驻上海销售公司经理。在做买办之余,他还和上海的义泰兴煤号联手做起了自行销煤的生意。短短几年,刘鸿生就从一个贫困的大学生变成了百万富翁。

刘鸿生实际上也没有什么大的背景,他虽然在教会学校圣约翰大学读书,但是,他已经觉得中国人被外国人欺负得比较厉害,可那时他无能为力,因为他在经济方面没有这个能力来开创自己的事业,他后来跟人说,他没有办法,只有一条路,只好靠洋人。

 戴鞍钢 (复旦大学历史学系教授):郑观应讲了一个话非常生动,就是初学商战于外人,即要与外人商战,就是我一开始跟着外国人学商战的本领,等我学到了本领之后,用这个本领和外国人商战。

火柴,老一辈人叫它"洋火",顾名思义,它是个舶来品。清朝道光年间,西方人以火柴作为最高级礼品送给中国皇帝。此后瑞典的凤凰牌和日本的猴牌等洋火作为商品大量进入中国市场,一些民族资本家为挽回权益,起而兴办实业,生产近代化工产品。1920年10月1日,刘鸿生邀约杜家坤等7人集资12万银元建立私营鸿生火柴厂,厂址在苏州胥门外施门塘,这块地背靠运河,运输方便,有利于现代企业生产。鸿生火柴厂以苏州北寺塔为商标,是苏州现代工业的代表,生产定军山、宝塔等商标的火柴,与当时倾销中国的瑞典火柴竞争。该厂有职工757人,实施10小时工作制。刘鸿生除开办鸿生火柴厂外,还创办了中国毛纺织厂、中国火柴原料厂、西北洗毛厂、贵州水泥厂、兰州西北毛纺织厂等。几十年间,刘鸿生头顶"煤炭大王""火柴大王""毛纺织大王"等多项称号，名动全国。

1956年，私营宏盛科技火柴厂与中南火柴厂等4家企业合并，改组为公私合营鸿生火柴厂。1966年，改名为苏州火柴厂。1992年，工厂和苏州新湖村联营成立苏州鸿生火柴厂有限公司。1998年7月，苏州鸿生火柴厂有限公司解体。2000年后，鸿生火柴厂绝大部分厂房成为绿化带的一部分，仅存一幢民国时期洋房伫立在护城河畔，现为苏州古城风光带一景。

图2-34　公私合营鸿生火柴厂

（二）荧昌和中华

洋火曾经占据了中国火柴市场80%以上的份额。特别是瑞典和日本的企业很强大，在它们的倾销下，很多国产火柴企业连年亏本，处境艰难。面对内忧外患，刘鸿生清楚地知道，此时只有一致对外，平息价格战，才是保全自己和国内同行的唯一方法。

镇江市西部片区的和平路西侧的大中华荧昌界石碑即为当时历史的见证，大中华荧昌界即为镇江火柴厂的前身，目前地址在镇江市金山路18号，其前身是创建于1920年的镇江荧昌火柴厂，1956年1月实行公私合营，改名为镇江火柴厂，在当时的全国火柴行业处于先进水平。

1920年和1921年，上海荧昌火柴公司创办人邵尔康和日籍华裔陈锦堂，先后在镇江开设荧昌火柴厂和燧生火柴厂。荧昌火柴厂有资本20多万元，房屋200余间，工人660人，机器设备50余台，日产火柴720件；燧生火柴厂规模与荧昌厂相仿。火柴以销往九江、芜湖、汉口、上海为主。"五卅惨案"后，各商店拒销日商火柴，燧生火柴厂于1928年闭歇。

1928年8月，刘鸿生发表了著名的《告火柴同业书》，并向中华、荧昌几家火柴厂提出合并建议。1930年，上海荧昌火柴公司与上海周浦中华火柴股份有限公司、苏州鸿生火柴公司合并组成大中华火柴股份有限公司，镇江荧昌火柴厂即属大中华火柴股份有限公司管辖。

在刘鸿生写给同业的信中，细说了国内火柴业合并的几大优点，从中可以看出刘鸿生联合国内同行、组成价格同盟、共同抵御洋火的构想。然而，因为中国火柴的税赋要高于瑞典火柴，所以导致最终价格的劣势。

1929年11月，刘鸿生成立了由全国52家火柴厂组成的全国火柴联合会，发动工人抵制外货，联名向南京政府请愿，要求从税收方面援助国产火柴工业，并控制进口火柴，扶持国货。

大中华火柴股份有限公司成立后，兼并同业，扩大规模，不仅对外国火柴的倾销起了抵抗作用，而且在生产技术和经营管理等方面也大有改进，建立起一整套生产、销售、财务的集中管理制度，统一产品规格标准。专门设立了技术课，研究并解决了火柴头容易受潮的大难题，品质达到瑞典名牌标准。

这一合并给危机四伏的火柴工业带来希望，因而吸引了其他同行。1931年1月1日，江西九江裕生火柴公司以457 351.87元资产净值合并进来。1932年，陆小波在镇江筹建中的木森火柴厂也合并进来……1934年，大中华公司年产火柴15万箱，约占全国火柴总产量的15%，占苏、浙、皖、赣、鄂、湘地区火柴产量的50%，成为当时全国规模最大的民族火柴企业。其成功运作，打破了洋火一统中国的局面，大长了中国人志气。

（三）美丽牌香烟

刘鸿生自己也在想尽办法来降低火柴的价格。他与当时上海著名的美丽牌香烟合作，将香烟广告印刷在了大中华火柴盒上。这一举措额外增加了一笔广告收入，从而使得产品重新获得了竞争力。

刘鸿生一生还创办了中华码头公司、上海水泥厂、华丰搪瓷厂、章华毛绒纺织厂、大华保险公司、中国企业银行。从"火柴大王"到"企业大王"，刘鸿生用20年的奋斗，见证了中国民族企业的壮大和发展。

20世纪30年代，国内各大城市的香烟市场竞争非常激烈，英美出品的"三炮""海盗"牌充斥着市场，国产香烟几乎无人问津。为了挽救危局，生产美丽牌香烟的上海华成烟草公司老板想出了一条妙计，在每个香烟盒子里暗藏《水浒传》中梁山108将的小画像一张，同时声明，凡集齐全套梁山好汉者，即可到华成公司各代理商处换取黄金二两。广告一出，市民争相购买美丽牌香烟，产品销量直线上升。

有的买者集齐了36个梁山天罡星，却怎么也集不齐72个地煞星，一些人有了107条好汉的画片，偏偏还缺一张，而他们所缺的都是"百胜将韩滔"这一张。于是有人开始整条整条地购买美丽牌香烟，甚至有的代理商把整箱的香烟逐包拆开寻找，然后再巧妙地封好出售，但是也找不到韩滔的肖像。于是，"吸烟找韩滔"成了当时人们的口头禅，流传很广，美丽牌香烟就靠着这个噱头在市场上站稳了脚跟。

后来，人们知道在香烟里根本不存在"百胜将韩滔"的肖像。但他们还是愿意购买美丽牌香烟，因为这种香烟的烟味儿并不比外国人的差，而且价格便宜，人们当然乐而为之。华成公司的高额悬赏显然用的是一个瞒天过海之计，总算使自己的企业在夹缝中抢占了一席之地。

美丽牌香烟的营销是非常成功的，美丽牌的香烟广告让全国人民都知道了当时旧上海风靡一时的大明星——蒋梅英。作为一个上海本地的女孩，生于富贵的书香门第，自小温文尔雅，知书达理，长大以后更是出落成一位大美人。很快她就被导演发现，拍了第一个广告，而这个广告将她的知名度推广到了上海的每个角落，成为当时上海人心目中的第一美女。

图2-35　美丽牌香烟的广告图

李天纲（复旦大学哲学学院教授）：洋货冲击土货，这样的局面也就是一二十年，之后上海的民族工业就起来了，无论是官办的，还是商办的，是上海自己办的，或者是外国华侨办的，在上海开办的侨商很快就起来了，所以他们也生产出和英国、日本相同质量的，甚至更加廉价的洋货，这个我们就叫作国货。

樊卫国（上海社会科学院经济研究所研究员）：中国近代，特别是民国以后，发起了国货运动，有大量的国货输出到东南亚。在东南亚市场上，日本的工业品和中国的工业品形成了市场竞争，有的时候中国的国货在那里还是蛮有市场的。

李天纲（复旦大学哲学学院教授）：1920年代是上海现代产业，包括工业、商业、贸易、房地产、金融完整地建立起来的一个阶段，这个时期上海的经济就发展得非常好，我认为是上海经济发展的一个黄金时代。1930年代已经不是上海的黄金时期了，马上日本的轰炸就炸掉了上海大量华人的产业，"八一三淞沪抗战"的时候上海遭到了毁灭性的打击，只保留了租界部分。

五、孤岛时期的贸易

（一）孤岛形成的背景

1937年"七七事变"之后，国民政府开始全面抗战，整个中国沦为战场，全国对外贸易迅速衰落。而在上海，直至太平洋战争爆发前夕，上海对外贸易在经过短暂回落之后，逐渐恢复，并有所发展和繁荣。

 熊月之（上海社会科学院历史研究所研究员，复旦大学特聘教授）：日本尽管侵占了华界的地盘，但是租界里面工部局还在运作，租界里面经济文化生活都还是依旧，这样就形成了我们称为孤岛的现象，就是当时外面战争闹哄哄，但是这里还是很和平的地方。

习惯上将1937年11月上海沦陷至1941年12月太平洋战争爆发的4年时间称为"上海孤岛时期"。1937年11月12日傍晚，上海在凄风苦雨中沦陷。日军攻占上海四郊，即非租界地的虹口区、杨浦区及闸北区的一部分以及黄浦江对岸浦东地区一侧后，出于政治上的考虑，没有向上海浦西地区的公共租界、法租界以及两租界的越界筑路地区挺进而加以占领，沿法租界的黄浦江直通吴淞口，仍可自由通航，这就为形成"孤岛"特殊形态的上海对外贸易创造了条件。

1941年12月8日，日本偷袭美国海军的珍珠港，太平洋战争爆发。

图2-36　孤岛时期的上海

日军随即开进上海公共租界、法租界及两租界越界筑路地区。这时,这种特殊形态的"孤岛"亦随之消失。

　　孤岛时期,由于上海租界拥有较为安定的政治和社会环境,不少难民涌入避难,租界人口顿时激增。据统计,战前上海两租界人口不到170万人。而到1940年初,租界人口最多时超过500万。孤岛时期的上海在经历短暂低迷之后,随着资金流、人流与物流的大量涌入,加之社会秩序相对安定和内外交通的畅通,金融业、房地产业、轻工业、娱乐业等迅速发展起来,出现了令人意想不到的畸形繁荣景象。

 戴鞍钢(复旦大学历史学系教授):因为租界有所保障,日本人一下子还不敢进入租界,这样整个中国的大部分沦落日寇之手地区的有钱人纷纷把租界作为避难所,他们携带着金银财宝进入了租界,租界一个狭小的空间里面聚集了那么多的金银财宝,总要钱变钱,钱生钱,要找投资出路。

 葛涛(上海社会科学院历史研究所研究员):这个里面贸易是有利可图的,因为战争时期,尤其是在上海这样一个特殊的环境当中，各方面对物资都非常需要，所以无论是做对外贸易还是做内地贸易，都是一个非常有利可图的生财之道，所以这个时候大量的资金就投入到这个方面。

 熊月之（上海社会科学院历史研究所研究员，复旦大学特聘教授）：我看到有材料记录，在孤岛时期如果去订一个旅馆的话，常常要一个星期以前就要订，才可以订到，否则是订不到的。在相当一段时间里面，全国竟然有80%的轻工业产品是由上海这个地方提供的。就是工厂还是照常开工，甚至开工比以前还要多，这是非常特殊时期的畸形繁荣。

（二）孤岛时期的国内外贸易

凭借英、美、法等国的海上航行，上海租界得以继续维持着海外交通和进出口贸易的相对自由，上海租界与外界的经济联系也得以延续，至1938年10月，因战事受影响的水路交通已基本恢复，上海随即恢复当时全国贸易中心地位，从进口就可见一斑。这个阶段，上海进口总值1937年为5.08亿元，1941年增长到34.1亿元；出口总值从1937年的4.04亿元，增长到1941年的19.29亿元。与此同时，外商在沪投资不断攀升，至太平洋战争爆发之前，仅英、美两国在上海的投资就分别占其在华投资总额的72.6%、64.9%，正当中国军民处于水深火热之时，英美商人正在大发中国的国难财。

 熊月之（上海社会科学院历史研究所研究员，复旦大学特聘教授）：日本人对上海采取了一种很特殊的策略，就是封而不死，因为日本是一个战略物资缺乏的国家，那个时候正在打仗，打仗有很多的东西需要通过特殊的渠道从其他的地方，比如说有一些物资需要从美国、英国那里得到，战争对立状态时英、美对日本采取制裁的态度，那些东西在正常的渠道是没有的，但是通过租界这个第三方可以从英、美那里弄来，日本再从其他的渠道得到这种战略物资，所以上海租界变成了日本人需要获得一些东西的间接通道,使得他们对租界采取封而不死的态度,这是非常奇妙的一个现象。

在此期间,公共租界中区、西区以及法租界涌入大量资本和人口;据统计,1938年12月,这里有工厂4 700多家,是战前的10倍,到1939年,全市新设工厂1 705家,其中以传统的纺织业恢复得最快。根据当时上海布厂同业公会的统计,到1939年,上海市仅纺织行业就新设工厂、作坊823家,新增机器2.32万台,每月可产棉布142万匹。

因交通恢复,各地富豪纷纷躲到上海租界避难,百货零售业呈现出异常的繁荣,上海市零售业比战前增加1倍多,几乎是天天顾客盈门。最著名的百货零售巨头永安公司在1939年前后,日营业额超百万元以上,每个职工平均1天接待顾客约60人,至1941年,永安公司营业额比1938年翻了近5倍,利润激增了11倍。

(三)孤岛时期的文娱生活

电影院也如雨后春笋般冒了出来,"客满牌"常常高悬于门口,"兹就二租界内统计之,得大小电影院二十八家,其在虹口区域以及游戏场附设之电影场尚不在内"。此后因需求太大,又陆续兴建了一些新的影院,如1941年底落成的可容2 000人观影的皇后大戏院耗资甚巨,为求壮观,还在其旁另建了一座宝塔。旅居租界内的各国富侨过着无忧无虑的生活,正如旅行家瓦尼娅·奥克斯在其日记中所描述的那样:"美国人与英国人的生活似乎与1937年前的模式完全相同,而其饭局、跳舞及饮酒的次数均比以前更多。大部分人受雇于大公司,其薪水则用美元或英镑结算,所以随着中国货币的贬值,他们的美满生活又回来了。"繁盛的霞飞路上到处是白俄的珠宝店、菜馆、舞场、妓院……虽然这繁华的区域号称"小巴黎",实际却已成为"圣彼得堡"。

这一时期也掀起了广泛使用电台的狂潮。孤岛时期的上海租界一方面处于日占区的范围内,另一方面却又保持了旧时的秩序,所以这里既是最前沿的阵地,又是最安全的地带。这里所说的电台并不是广播电台,而是通过摩斯码进行消息传送的通讯电台。从20世纪20年代末电台科技逐渐传入中国，民众也见识了这种可以瞬间传送消息到千里之外的科技。有一些家境比较宽裕的知识青年更将电台作为类似现在网络交友的手段，在茫茫的电波网络中寻找相同爱好的朋友，这在当时绝对是一种时髦。

上海沦陷后，各方势力或进驻、或撤退到租界，租界进入完全的孤岛时期。共产党、国民党、英国人、美国人、法国人、苏联人（还包括一部分被流放的前沙俄贵族）、德国人……毫不夸张地说，整个世界的谍报网都在租界里肆无忌惮地用电台收发电报。然而这并

图2-37　孤岛时期的电台

不是租界内电台的全部，事实上，谍报机关使用的电台只占了总电台数量很小的一部分，占绝大多数的电台，都是商业电台。商业电台的兴起，主要原因在于上海当时汇聚了中国几乎所有可以进行买卖的资源。虽然上海的外部被日军占领，但是无论是国内的货船，还是欧美国家的船舶还是可以驶进黄浦江停靠在租界范围内进行装卸，所以贸易并没有停止。除了不能进行武器的交易，类似被服、医疗器械、食品药品这样的战时物资都是可以交易的，这也是当时工部局和日方谈判的条件。

这就是商家都在租界内留有电台的原因，因为交易不知何时就会被要求进行，如果没有即时的手段，怎么去实现呢？同时也可以看到，上海当时金融商贸的发达程度已经完全超越了其他中国城市。

另外，电台存在还有一个重要原因，那就是在上海当时还存在着大量投机和投资的机会，很多中国的商人和官员是撤退到西部了，但是资产的投资不能停。有趣的是，当上海租界进入孤岛时期后，恰恰因为资金大量的投入，使得上海的股市维持了很高的点位，直至太平洋战争爆发后日军进占租界，并停止股票交易，整个孤岛时期上海股市的表现是

极为惊艳的。

　　孤岛经济的畸形繁荣,让上海贸易得以坚持下来。十几年来,战乱不断,人心惶惶。虽然艰难,但是上海的内外贸易始终没有中断。1949年5月27日,上海解放,伴随着人民政府的接收和公私合营的实现,上海的贸易发展由此进入了一个特殊的历史阶段。

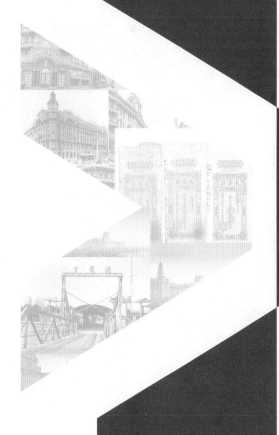

第三章

砥砺前行

（1949—1990年） >>>

引　子

　　1949年5月27日，上海解放。新生的人民政权受到了上海人民的热烈欢迎。从此，帝国主义、封建主义、官僚资本主义在中国最大城市的统治彻底结束，上海处处迎来了新气象。然而，对于刚刚建立的人民政权来说，他们接手的上海千疮百孔、百废待兴。与此同时，以美国为首的西方资本主义国家对新中国实行经济封锁。面对内外交困的局面，上海贸易开始在艰难中前行。

一、新生总是举步维艰

（一）建立外贸统制

1949年5月27日，上海解放，历经多年战争苦难的上海人民以极大热情迎接解放军，迎接新的生活。

上海是当时远东最大的经济中心，也是旧中国的国际贸易中心、金融中心、航运中心和最大对外贸易口岸。然而，上海也是帝国主义利益

图3-1　中国人民解放军进入上海南京路

图3-2　南京路上庆祝上海解放的游行队伍

在华最集中的地方，上海贸易主要掌握在国外资本和官僚资本手中。上海的解放，结束了国外资本和官僚资本的垄断历史，为上海贸易开启了新篇章。

1. 建立外贸统制

新中国成立前后，随着天津等主要口岸城市及全国各地的相继解放，许多国外地区的商业机构要求和我们进行贸易，而我们为了迅速恢复与发展国民经济，也需要这种贸易。但是，旧有官僚资本和民营外贸机构或已瘫痪，或在观望，都不是真正意义上的外贸机构，已经完全不能适应新形势下对外贸易工作的需要。为了适应新的形势，中央制定了对外贸易战略和政策，加快了建立统制对外贸易体制的步伐。上海也根据中央的统一部署，逐渐建立了相应的统制对外贸易体制。

2. 实行进出口许可证制度

为贯彻统制外贸政策，实行进出口许可证制度是有效措施和重要保证。通过实行进出口许可证管理，可以有秩序地发展进口贸易，限制和禁止进口国内能够生产的商品，把有限的外汇用于国家急需物资的进口，以集中力量促进国民经济的恢复和发展。新中国成立前，各解放区为加强管控对外贸易，就已在试行许可证制度。新中国成立以后，中央贸易部为建立统制对外贸易体制，逐步统一完善了进出口许可证制度。

中央贸易部专门颁布进出口条例政策，将进口货物划分为允许进口、统购统销进口、禁止进口、特许进口四类；出口货物也同样划分为类似的四类。规定无论国营企业还是私营、外资企业，在开展对外贸易业务时，都必须向当地外贸管理局或分支机构申请许可证。申请书必须载明进出口货物的品名、规格、数量、价格、进出口国别、时间等内容，以备外贸管理局或分支机构审核。只有在获得许可证后，外贸企业才能从事该项进出口业务，无许可证的进出口货物一律按走私处理。外贸管理局及其分支机构根据政府有关政策法令及国家经济计划和具体情况等多种因素综合考虑发放进出口许可证。该项制度全面而严格，不是对部分商品而是对全部商品实行进出口许可证制；不仅是私营外贸企业、外资企业，国营外贸企业同样需要进出口商品许可证，否则按违法走私处置。政府通过实行进出口商品许可证制度，有效管控了对外贸易。

3. 实行外贸结汇制度

加强对外贸易结汇管理，是确保统制外贸政策实现的重要手段。早在新中国成立前的1949年4月，华北人民政府就颁布了《华北外汇管理暂行办法》及其施行细则。此后不久，华东、华中、华南也相继颁布了内容基本一致的外汇管理暂行办法及其施行细则。国民经济恢复时期，由于各地情况不同，又缺乏管理经验，中央人民政府未制定统一的外汇管理办法。1950年6月，中国人民银行发布《修改外汇管理暂行办法希遵照办理并转所属的通知》，承认各大行政区过去颁布的外汇管理暂行办法，并对其中的不妥之处做了纠正，统一了部分规定。

新中国成立初期，外汇管理体制的主要内容为：

（1）外汇管理由人民银行指定的中国人民银行办理；凡在国外有分支行或代理机构，经营外汇信誉好的银行，可向中国人民银行核准后，代理中国银行买卖外汇，代客买卖外汇。

（2）中国银行为法定外汇交易所，交易所每日牌价由中国银行根据市场情况报经中国人民银行核准后挂牌，外汇买卖必须依此定价，严禁一切场外交易。

（3）出口货物除按国家规定的易货贸易外，其所得外币价款，必须履行结汇手续。一切外汇必须存入中国银行换取外汇存单，外汇存单可按牌价支取人民币,或者在交易所内卖出。

（4）凡购买外汇存单或向中国银行申请兑换外汇的进出口企业,必须持有进口许可证或由中国银行核准的出口货物运费、佣金及保险等用汇申请文件。后来政务院又颁布了《外汇分配使用暂行办法》,中央贸易部也相应制定了具体的《国营对外贸易公司外汇管理暂行办法》和《私营工厂及进口商申请外汇暂行办法》,外汇管理制度进一步完善。外贸结汇制度的实行,统一了各地颁发的外汇管理制度,将贸易外汇的经营管理权收归国有,有效地保障了统制体制下外贸运行机制的推行。

4. 实行保护关税政策

保护关税政策是根据本国产品的市场竞争力,对同类进口产品课以重税的贸易保护措施。它使进口货物的成本高于本国同类产品的市场价格,从而达到保护本国产业的目的。新中国成立以后,为了保护新中国稚弱的有关产业,中国政府决定实施保护关税政策。1950年1月,政务院颁布《关于关税政策和海关工作的决定》,强调"海关税则必须保护国家生产,必须保护国内生产品与外国商品的竞争"。

根据政务院的关税政策,上海海关针对国内产业发展和商品供需的实际情况对相关出口商品征收出口关税和调整税率。比如在1950年末,为限制某些产品出口、保障国内供应,上海海关对薄荷油、猪鬃、桐油、花生油等征收较高的出口税。自1951年5月起,国家实施《中华人民共和国海关进出口税则》及《暂行实施条例》,进口商品分为必需品、需要品、非必需品和奢侈品4类,分别征收不同税率。自1952年1月起,上海海关对国营外贸公司进口的苏联和东欧货物实行集中纳税。自1960年起,对外贸总公司进口西方国家货物也实行集中纳税。1967年,国务院决定停征外贸公司进出口商品关税,并以外贸利润入库,对不统一作价的进口货物,仍按原规定征收关税。

（二）接管和改造贸易机构

1. 接管和改造旧海关

海关是一个国家的重要门户和主权象征,对于外贸具有重要的作

图3-3　红旗在上海海关大楼飘扬

用。在半殖民地半封建的旧中国，海关自建立起就一直处于外国列强的控制之下。1949年5月25日凌晨，解放上海的战斗正在激烈进行。中国海关最高级别华员、原海关总税务司署副总税务司丁贵堂带领总税务司署和江海关工作人员起义了，上海江海关的地下党员将事先藏在海务科办公室里的红旗和秘密缝制的标语带上江海关六楼。凌晨4点30分，海关大楼挂出了庆祝解放上海的第一幅红色巨幅标语"欢迎人民解放军解放大上海"，高大的钟楼上升起了黄浦江畔第一面红旗。

丁贵堂的起义不仅使得承载着悠久历史的珍贵海关档案、数额可观的库存以及大批海关船只得以完整保留，更为新中国海关的发展保留下一大批经验丰富的海关人才。上海解放后，陈毅和夏衍在不同的场合表扬了丁贵堂。用陈毅的原话

图3-4　丁贵堂

说，"丁贵堂同志立了大功"。毛主席亲自接见他，并亲切地称呼他为"丁海关"。

邹增强（《上海市志·口岸分志·口岸综述卷》执行主编）：1949年5月27日上海全境解放，5月30日当时的上海市军管会就进驻了江海关，在这之前，咱们商品检验的鉴定、计量、核准、进出口的认证等这些都操控在西方的商品鉴定行手中，由他们把控。1951年，大概是11月份，上海成立了商品检验检疫局，规定凡是进出口的商品检验，全部由上海检验检疫局进行管理。1952年，上海成立了上海边检站，也结束了上海有边无防的历史。

1949年5月30日，华东军事管制委员会（以下简称军管会）派军代表徐雪寒、贾振之正式接管江海关，同时分别接管海务处、浚浦局、海港检疫所和总税务司署等部门。政务院在1949年12月批准《中央人民政府海关总署试行组织条例》，1950年1月和12月先后发布《关于关税政策和海关工作的决定》和《关于设立海关的原则和调整全国海关机构的指示》。根据上述指示精神，新中国海关经过机构、人事等整顿改革，建立了新的海关体系，并确立了海关工作的基本政策，规定新海关任务是执行征税、外贸货物监管和反走私三项职能。任命孔原为新中国第一任海关总署署长。

1950年2月16日，按海关总署令，江海关改名为中华人民共和国上海海关，下辖吴淞、宁波、温州三个分关及邮局支所。同年5月13日，中华人民共和国

图3-5　军管会接管江海关的命令状

政务院任命贾振之为上海海关第一任关长。

1951年4月，政务院发布《中华人民共和国暂行海关法》，从法律上对海关的组织机构、任务和职权、进出口货物的监管、走私和违章

图3-6　上海海关第一任关长贾振之(中)

处理等做了明确规定。1951年5月，依据相关贸易保护政策，政务院又发布《中华人民共和国海关进出口税则》等法规和其他重要业务规章。

上海海关根据"完整接管，逐步改造"的方针，有步骤地对旧海关制度进行改革：废除旧海关的税务司制度，建立以中共党组集体领导下的关长分工负责制度；明确职责任务，解除和移交非海关业务，把上海、宁波、温州的港务和南京的江务等移交中央人民政府交通部；检查国内邮包业务移交上海市邮政局；停止代征国内进口洋货浚浦捐；停编国内贸易统计。上海海关结束了半殖民地半封建性质的屈辱历史，从帝国主义列强把持的机构变成坚持人民当家作主的国家行政管理机关。

2. 收回外汇管理权

外汇的管理对于对外贸易至关重要。在旧中国，外国金融机构和以"四行二局一库"为主体的国民党官僚资本形成一个垄断体系，从资金上掌握了旧中国的经济命脉。新中国成立后，人民政府彻底废除了帝国主义国家在中国的种种特权，包括外商银行的特权，维护了中国的主权。同时，据中国人民政治协商会议第一届全体会议通过的《共同纲领》中关于没收官僚资本归人民的国家所有的规定，人民政府采取没收国民党政府金融官僚资本的措施，对官僚资本银行和保险公司进行了接管。

上海是全国大银行集中之地，外资银行和国民党官僚资本总部基本集中在上海。为此，在进入上海前，有关领导机关又抽调一批干部，

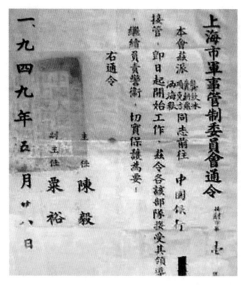

图3-7　1949年5月28日上海市军管会签发的中国银行接管令

在江苏丹阳进行集训,以提高接管工作人员的政策水平。1949年5月27日,上海解放,5月28日人民币进入上海,5月30日中国人民银行上海分行成立。同时,人民政府开始按照不同资本性质分别处理和对待旧金融机构,接管原官僚资本银行,中国银行、交通银行经整顿后改组为专业银行,总行迁往北京。

虽然人民政府接管了上海的官僚资本银行,但外资银行尚能操纵上海的外汇业务。为了对外资银行的外汇经营权加以限制,人民政府明确规定:外商银行必须遵守中国政府的法令,允许外商银行在规定的范围内进行合法经营,但不得从事未经人民政府核准的业务,不得自己或代客进行逃避资金、套取外汇及其他投机违法活动。对外商银行的合法经营和合法权益,人民政府明确宣布给予法律上的保护。

图3-8　1949年由上海印钞厂印制的50元纸币

同时,人民政府指定有信誉的外商银行代理中国银行买卖外汇,并代办国外汇兑业务,在业务经营上受中国银行的监督与指导。例如,通过外商银行开出信用证,以进口必要的物资;利用他们的放款业务,支持中国商品的出口。中国银行与汇丰银行和麦加利银行及其分支机构订立全面代理合同,建立代表关系。这些做法,对中国开展对外贸易和便利外汇资金结算起了一定的作用,也统一了国内外汇业务的经营管理,收回了外汇管理的自主权。

3. 没收官僚资本外贸企业

官僚资本是在中国沦落为半殖民地半封建社会的过程中产生和发展起来的,它凭借其掌握国家政权的特殊地位,垄断了旧中国的经济命脉,残酷地掠夺广大劳动人民。没收官僚资本并把官僚资本所有制经济转变为社会主义全民所有制经济,是中国新民主主义革命的一项重要任务。

上海是旧中国官僚资本最集中、最主要的活动基地。在内外贸易方面,官僚资本拥有一批垄断性的贸易公司,如中国进出口贸易公司、中国棉业公司、中国植物油公司等。在金融业方面,官僚资本和主要是官僚资本的中央银行、中国银行、交通银行、中国农民银行、中央信托局、邮政储金汇业局等金融机构的总行或总管理处都设在上海,因而上海又是旧中国垄断金融的总枢纽。

新中国成立后,根据新民主主义经济纲领,人民政府实行了没收官僚资本的举措。通过没收国民党政府形成的国家资本及其官僚积聚的私

图3-9 原官僚资本工厂的工人清点物资,协助人民政府接管

人资本,再加上原来根据地创建的公营经济,迅速建立了庞大的具有社会主义性质的国有经济。

上海解放后,人民政府没收了中央信托局、中国蚕丝公司、中国茶叶公司、中国植物油料厂、中国制絮公司、中国石油公司、德孚清理处、利威汽车公司、扬子建业公司、孚中公司等官僚资本,并在此基础上组建国营外贸企业。1949年6月13日,成立上海市贸易总公司,后又陆续建立粮食、花纱布、煤业、化工原料、日用品、五金器材、医药、土产、油脂、茶叶、皮毛、蚕丝等专业公司和中国进出口公司等内外贸企业。

为适应全国统一调度物资的需要,华东贸易部在上海的各国营贸易专业公司都改组成全国总公司设在上海的华东区公司,统一国营贸易,统一调度物资,如华东区国外贸易总公司,下属11个子公司,主要有中国蚕丝公司、中国茶叶公司、中国植物油料公司、中国猪絮公司、中国皮毛公司等。这是新中国第一代全民所有制的外贸企业,为增强上海的经济实力提供了有利条件。

1952年中央成立外贸部后,上海的国营外贸企业重新组建为中国蚕丝、茶叶、油脂、畜产、土产和中进六个分公司。还同时建立了银行、保险、外运等国营企事业单位,以辅助外贸,从而使上海与进出口相关的外汇、保险、外运、报关、仓库、码头、公证行等都在人民政府的掌控之中。

进出口民营企业在上海的对外贸易活动中一直发挥着重要的作用,它们的活动也与政治环境密切相关。早在1947年,国民党政府强化进口管制时,民营企业眼看业务无法开展,又由于上海时局紧张,社会动荡,而中国香港对进出口贸易并无管制,工业原料的补给困难较少,此外对于制成品推销到南洋,争取海外市场也十分便利,因此,一些规模较大的私商机构抽出资金去香港,如维大华行和南洋企业公司将外汇套到香港或国外分行。又有一些民营机构与香港进出口商联手或直接设立分行,如经营羽毛猪絮出口为主的宏牲行、经营可可咖啡等进口的可大行、经营小百货和化妆品进口的新华行、经营纱布出口的大茂企业公司等。不少实力较小的民营企业没有外迁香港的条件,则采取停业观望的态度,民营对外贸易行业普遍业务萎缩。当然大多数民营企业选择留在上海等待机会。1949年4月，国民政府输出入管理委员会由上海迁往广州，上海停止签发外汇和进出口许可证。上海对外贸易陷入全面停顿。

保护民族工商业是新民主主义三大经济纲领之一。为了恢复上海经济，推动对外贸易，上海人民政府根据新民主主义经济纲领的要求，对外贸民营企业实行"利用、限制、改造"的政策。政府积极利用民营企业熟悉市场规则与国外有业务渠道的优势，发挥它们在对外贸易中的积极作用。

新中国成立初期，尤其是与资本主义国家的贸易，民营企业还是发挥了特殊作用。在与资本主义国家的贸易总额中，民营企业在1950—1952的比重分别为46.7%、44.3%、37.5%，几乎占上海口岸对外贸易额的一半，始终占据重要位置。对于打破西方经济封锁、活跃城乡经济都有积极效果。

同时，上海人民政府也对进出口民营和外资商户进行了清理整顿。1949年6月政府根据《华东区国外贸易管理暂行办法》和《进出口贸易厂商登记办法》规定：凡经营进出口的商户需向有关机构申请核准，获得颁发的执照，在工商机关登记，方可经营进出口业务。至1949年7月底登记领证的民营对外贸易私商1 624户，其后经过资质审查，民营私商屡有淘汰。1950年上海有私营进出口商1 124户，从业者1.38万人，分别占全国总数的24.4%和28.6%。

1952年，全国开展"三反""五反"运动，上海超过一半的私营进出口行被定性为严重违法户和半违法户，政府采取逐步替代和限制的方针对其进行改造。"三反""五反"运动后，上海外贸民营私商仅有785户，从业人员仅1.06万人。民营私商的对外贸易额也不断下降，1950年为3.59亿美元，1951年为2.99亿美元，1952年仅为1.4亿美元，所占比重由31.6%降至7.2%。

为加强对民营私商的管理，在政府主导下，上海的进出口私商于1951年5月成立了上海国际贸易业同业公会，有会员1 070家，合并接收了此前上海进出口业、植物油业、肠衣业、牛羊生皮业、纱布业、猪鬃业、皮毛油骨业、草帽业、茶叶业等多个行业公会。直到公私合营之前，该公会成为政府对上海进出口私商进行统战、管理的重要组织。至社会主义改造基本完成,该同业公会丧失存在的价值,终于在1958年结束历史使命。

4. 治理外商进出口企业

摧毁帝国主义对华经济控制权一直是中国近现代民主革命的一个基本目标。中国共产党早在成立之初,就在《中国共产党对于时局的主张》中提出要"改正协定关税,取消列强在华的各种治外法权,清偿铁路借款,完全收回管理",在20世纪30年代初党的文件中一再强调,"不承认帝国主义在华政治上、经济上的一切特权""苏维埃政府要将操控在帝国主义手中的一切经济命脉实行国有",为了保证物资供给,中共中央作出允许外商继续在华经营的决定。

新中国成立前夕,1949年2月16日,中共中央颁布的《关于对外贸易的决定》明确指出:"为了进行对外贸易,应该允许那些愿意和新中国进行贸易并愿意遵守人民政府法令的外国的商业机关派遣代表或指定其代理人来和我方接洽,并允许这些代表在指定的地点设立办事处。"

新中国成立前夕,在上海的进出口大户中,洋行多急剧萎缩或撤资,华商多迁往香港。据统计,1949年6月,上海尚存外商洋行376家,比1938年减少一半,比1946年减少1/3。1950年为282家,1951年6月为108家,1952年底为90家,1953年为55家,1954年底为34家,1955年仅为22家。留沪的洋行以英商居多,其余为美、法、德等国商人。

1950年抗美援朝战争的爆发,成了在华外商终结的一个重要转折点。1950年12月16日,美国国务院宣布管制中国在美财产的命令。12月28日我国政务院也相应发布《关于管制美国财产冻结美国公私存款》的命令,该命令规定,"中华人民共和国境内之美国政府和美国企业的一切财产,应立即由当地人民政府管制,并进行清查","中华人民共和国境内所有银行的一切美国公私存款,应即行冻结"。

1951年5月15日,中共中央又发出《关于处理美国在华财产的指示》,其中提出新中国处理美国在华企业的基本原则,即"凡有关中国主权与国计民生影响较大者,予以征用;关系较小或性质上不便征用者,可予代管;政府认为有需要者可予征收;对一般企业可加强管制,促其自行清理了结……对少数在政治、经济上无大妨碍的美国企业,可以有意识地在上海、天津、广州保留一些"。

上海市人民政府遵循政务院的方针政策,区别不同情况,对外商洋行分别采取军管、征用、代管、转让和收购等方式进行整顿清理。上海市人民政府先后对上海电力公司、上海电话公司等美国在华企业进行军事管制。美商遂基本结束在华业务。

在英国跟随美国公然劫夺我国在英资产后,我方于1951—1952年先后征用英国在华投资的上海电力有限公司、上海自来水股份有限公司、上海煤气股份有限公司等。1951年8月至1953年,一批外商洋行被转让给上海有关机构。至1956年初,尚余22家。一批历史悠久的英国企业纷纷提出转让,上海开埠后发展起来的外商洋行随之在上海消失。怡和、太古、信昌等外商洋行在转让后曾留驻代表或小型机构,继续同上海有关部门保持了一段时间的业务联系。

(三)转变与开拓贸易对象

1. 贸易对象的转变

1949年以后,世界分为两大阵营,一个是以苏联为首的社会主义阵营,还有一个是以美英为代表的帝国主义阵营,这两大阵营互相对立。

1950年1月,中苏双方正式签署了《中苏友好同盟条约》,中美关系降到冰点。

熊月之(上海社会科学院历史研究所研究员、复旦大学特聘教授):因为上海原来跟欧美体系联系很频繁,也很深,两大阵营一对立以后,上海跟欧美的联系就中断了。

葛涛(上海社会科学院历史研究所研究员):1950年朝鲜战争爆发,我们中国人民志愿军奔赴朝鲜参加抗美援朝战争,以美国为首的西方国家借着联合国的名义对我国进行制裁，制裁以后上海传统的近代以来依赖海外市场的贸易的格局就到此为止了。

　　新中国成立初期，以美国为首的资本主义国家对我国进行经济封锁，特别是抗美援朝战争后，美国等国对我国实施全面经济封锁，并对我国进行外汇冻结。面对恶劣的国际环境，我国积极应对，在对外贸易上的重要体现之一，就是主要对外贸易对象的转变。对外贸易对象由原来的以资本主义国家为主，变为以苏联等社会主义国家和新民主主义国家为主。作为中国主要贸易港口的上海的主要对外贸易对象，也发生了相应的变化。

　　邹增强（《上海市志·口岸分志·口岸综述卷》执行主编）：在美国等西方列强对中国禁运的情况下，上海的外贸还是在努力地发展，包括和当时的苏联、东欧等社会主义国家以及东南亚和日本等一些民间的贸易也都在进行。

　　1950年，社会主义国家在中国对外贸易额中的比重只占了32.4%，1951年时增加到52.9%，1952年就达到了72%，此后一直到20世纪50年代末一直占70%以上。在这些国家当中，苏联又是重中之重。1950年，苏联占中国对外贸易额的29.8%，1951年上升到41.4%，1952年进一步上升到54.8%。

　　1950—1955年，苏联向中国提供了11笔贷款，用来购买抗美援朝的军事物资和国内建设器材。从1952年开始，中国从苏联和东欧国家大量进口设备和技术，主要用来建设苏联所援助的156项重点工程。

　　晁钢令（上海财经大学教授）：可以讲，20世纪50年代初我们主要的进口方向就是苏联，因为那个时候我们和他们有一个中苏友好，有一个对我们的技术援助，所以有很多商品是从他们那里过来的。

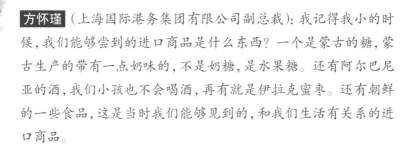

方怀瑾（上海国际港务集团有限公司副总裁）：我记得我小的时候，我们能够尝到的进口商品是什么东西？一个是蒙古的糖，蒙古生产的带有一点奶味的，不是奶糖，是水果糖。还有阿尔巴尼亚的酒，我们小孩也不会喝酒，再有就是伊拉克蜜枣。还有朝鲜的一些食品，这是当时我们能够见到的，和我们生活有关系的进口商品。

陈子雷（上海对外经贸大学教授）：由于和苏联的贸易很多都是边境贸易，主要通过北方完成，所以上海过去作为一个口岸，主要是承担着海运，是和欧洲、东南亚一些国家的贸易。

波兰是最早承认且与新中国建交的国家之一。建交之初，波兰政府即提出和中国政府合办航运公司的想法。经过近一年的协商和谈判，1951年6月15日，中波轮船股份公司成立。成立之初，毛泽东主席亲自批示要"好好办"，周恩来总理确定了公司名称，陈云副总理则亲自签发了公司的营业执照。

图3-10　中波政府协定签字场景

张秀莉（上海社会科学院历史研究所研究员）：当时因为波兰政府对中国是比较友好的，所以由中国政府和波兰政府共同签署了一个股权对等，就是各占50%，由两家共同成立中外合资的轮船航运公司。

 朱德章（中波轮船股份公司中方总经理）：当时波兰是航运强国，在航运的人才、技术上都远远比我们强。我们当时航运条件还是比较差的。这样的情况下，我们和波兰合作以后，打造了一条海上运输线。把一些我们国家急需的一些战略物资，新中国的一些建设的设备，能够及时地运回来。

88岁高龄的吴其勇，是中波轮船公司的老员工了。从1957年在"普拉斯基"号船上做实习生开始，到担任"长兴"号轮船的船长，他的大半生都和中波轮船公司联系在一起。

 吴其勇（中波轮船股份公司老船长）：那时在船上，我是船员，开始的时候，我们总公司都是波方的名字，没中方名字，机舱全部是波兰人，我们要跟机舱里的人讲话什么的，都要通过懂波兰文的人跟他们打交道。

因为受到西方国家的经济封锁，中波公司在成立之初，发展异常困难。为了能在中国和欧洲之间航行，公司所有文件都进行了"伪装"。

 朱德章（中波轮船股份公司中方总经理）：整个国际环境对我们压力是非常大，阻力非常大。我们的船如果是挂五星红旗的船，我们肯定是出不去，进不来。所以当时我们对外经营是按照波兰远洋公司的名义来经营的。船舶都是挂着波兰旗的船。

 吴其勇（中波轮船股份公司老船长）：那时候有一条船"波27"，就被台湾抓去了。后来我们中方派船员的时候就特别小心这个事儿。

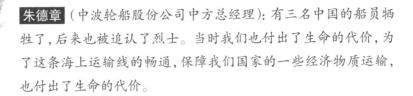

朱德章（中波轮船股份公司中方总经理）：有三名中国的船员牺牲了，后来也被追认了烈士。当时我们也付出了生命的代价，为了这条海上运输线的畅通，保障我们国家的一些经济物质运输，也付出了生命的代价。

中波公司从4艘旧船起家，经营亚欧航线的班轮运输业务，开辟出新中国第一条贯通亚欧的远洋运输航线。中国急需的建设物资源源不断地通过中波船舶运送回国，出口的货物也通过中波航线大量运往世界各地，中国与世界的联系日益紧密起来。成立仅一年多时间，中波公司就为国内运回52座工厂所需设备，还承运了煤油、橡胶等国内当时紧缺物资，为建国初期经济建设立下了汗马功劳。中波公司的创建、运营和发展，得到了历任党和国家领导人的亲切关怀和大力支持。

中波公司原定合作经营12年，由于合作愉快、效益显著，双方三次签约延长期限。1976年，中波双方决定实行无限期合资。

21世纪以来，随着公司发展战略和船队结构的改变，以及全球化航线的确立，中波公司已经成为全球重大件设备货物运输领域的领军企业，而且中方的作用越来越突出。

图3-11　航行中的中波公司"太平洋"号轮船

如今，随着国家"一带一路"战略的实施，中波轮船股份公司迎来新的发展机遇，主动融入"一带一路"战略的建设进程，为航运经济发展增添动力。

2. 开拓对东南亚国家的贸易

1950年，中国政府同印度、缅甸、巴基斯坦、印度尼西亚等国家建立了双边贸易关系，并与亚洲和非洲一些国家开展了民间贸易往来。1952年中国利用因美国禁运造成锡兰（斯里兰卡）出口橡胶价格大跌和国内粮食紧张的机会，在平等互利、公平合理的基础上，与其签订了中锡大米、橡胶五年贸易协定，取得反封锁禁运的重要突破。中锡协定确定的贸易量非常大，规定中国每年向锡兰提供27万吨大米，相当于锡兰每年进口大米的60%—70%；每年从锡兰进口5万吨橡胶，相当于锡兰橡胶年产量的50%—60%。中央政府确定中锡协定由上海具体执行，上海由此开始了对东南亚的贸易。

3. 开拓对资本主义国家的贸易渠道

新中国成立后，大多数西方国家追随美国对中国实行封锁禁运，只有瑞典、丹麦、瑞士、芬兰于1950年与中国建立了外交和贸易关系。1952年，中国与芬兰签订了政府间贸易协定。为了突破美国的禁运政策，中国利用各种机会和渠道千方百计地推动与西方国家的贸易往来，特别是民间的贸易关系。

1952年4月，在莫斯科举行的国际经济会议上，中国代表团同与会的40多个国家的工商界人士进行了广泛接触，与英国、联邦德国、日本等11个国家的工商代表签订了2亿美元的贸易协定，打击了美国的禁运政策。同年6月，中日签订了第一次民间贸易协定。

随后，中日民间贸易活动不断活跃。1953年和1955年，中日又相继签订了第二次和第三次民间贸易协定。1953年，日本开始放宽对中国的禁运。1957年5月，英国宣布放宽对中国的禁运。随后，法国、联邦德国、意大利、比利时、荷兰等国家也相继放宽禁运，上海与资本主义国家的贸易活动日趋活跃。

二、在探索中砥砺前行

(一) 计划管理

1956年9月,中国共产党召开了第八次全国代表大会,大会制定了第二个五年计划时期商业工作的基本任务:继续加强工农产品的收购和供应工作,扩大商品流通,改进购销关系,继续对主要生活必需品实行统购统销;同时对某些工业品实行选购,并有计划地组织部分自由市场,继续执行稳定物价的方针,进一步发展商业网点,方便群众购销。上海贸易在不断的探索中前行。

随着工商业的社会主义改造基本完成,中国进入了以公有制为主体、高度集中的计划经济时代。与之相适应,外贸也采取了高度集中的国家垄断制。

陈子雷(上海对外经贸大学教授):在计划经济体制下,对外贸易是由国家计划安排的,就是我们是产供销全部由专业的进出口公司进行运作,所以它从企业把产品购买下来以后,然后通过贸易形式实现出口,所以它都是计划内予以安排的,所以这在某种程度上来说,商品经济的特色并不是非常突出。

晁钢令(上海财经大学教授):计划经济条件下的外贸公司由他们来决定可以进什么,不可以进什么,这样一来,当时的进口商品

图3-12　1957年春,第一届广交会在广州中苏友好大厦开幕

是很单一的,主要是满足特别稀缺的原材料,或者有一些是对外服务方面的。

　　新中国成立初期,第一个五年计划开始实施,大量建设物资都需要从外国进口,但进口所需的外汇却很难得到。1956年,时任外贸部驻广州特派员严亦峻看到广东外贸系统先后成功举行几次小型的物资出口交流会,于是产生了一个大胆的想法:既然小型的交流会办得不错,为什么不办个更大的?

严亦峻(广交会原秘书长):我想到这个主意以后,给中央外贸部发了一个电报,主张办一个中国出口商品展览会。外贸部得到周总理的批准,同意了。

　　1956年9月,国务院批准以中国国际贸易促进委员会的名义主办中国出口商品展览会,会址定在广州。随后,严亦峻又建议外贸部每年在广州举办出口商品交易会，广交会从此登上了风云际会的世界贸易舞台。

图3-13　广交会发起人严亦峻，曾担任第1—19届广交会秘书长

广交会被誉为中国对外贸易的"晴雨表"和"风向标"。自1957年起，每年春秋两届，从不间断。广交会的成功举办，让国家获得了急需的外汇，撑起了中国外贸出口的半壁江山。它不仅是一个贸易的桥梁，更是一条增进中国与世界各国人民友谊的纽带。周恩来总理曾先后八次亲临广交会指导工作。

孙元欣（上海财经大学教授）：广交会一年办两届，春天一届，秋天一届，首届广交会当时来了19个国家，主要是来自新加坡和一些其他的国家。首届广交会的交易额是8 000万美元，总量比较小。

陈子雷（上海对外经贸大学教授）：当时我们国内展示的商品主要有几大类，一类是传统的工艺品，另一类是土特产品、农副产品等，唯一比较大型的机械就是解放牌卡车，所以能够展示的商品并不多，主要围绕中国一些传统的、特色的手工艺品和一些土特产品展开。

石良平（原上海海关学院副校长、现上海市人民政府参事）：对于我们中国人来说，当时的广交会确实给全中国打开了一个窗口。让我们知道外国人需要什么，有一些产品进来（我们是有限地让一些国外产品进来）才知道他们的产品，我们出去这么便宜的东西，他们是怎么样用高价返给我们的，但是我们也服，因为他做的东西我们做不出来，做得没有这么好。

图3-14　1957年秋，客商在第二届广交会上洽谈解放汽车项目

计划经济年代，在中央实施的"全国一盘棋"的统筹领导下，我国外贸工作的重心逐渐转移到离香港更近的广州，而上海则确定了"工业基地"的战略定位。在这一战略定位下，上海从一座消费性城市变为生产性城市。各类优质工业产品从这里输送到全国。

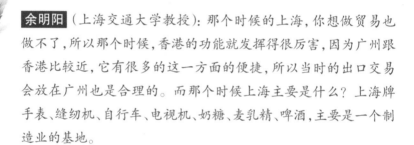

余明阳（上海交通大学教授）：那个时候的上海，你想做贸易也做不了，所以那个时候，香港的功能就发挥得很厉害，因为广州跟香港比较近，它有很多的这一方面的便捷，所以当时的出口交易会放在广州也是合理的。而那个时候上海主要是什么？上海牌手表、缝纫机、自行车、电视机、奶糖、麦乳精、啤酒，主要是一个制造业的基地。

葛涛（上海社会科学院历史研究所研究员）：上海的轻工业和重工业产品享誉全国，全国支援上海建设，全国主要是以原材料、农副产品来支援上海建设上海所需要的东西，比如说粮食、棉花、煤炭这些东西，这个时候上海和内地之间形成了非常重要的物资交换和物资流通关系，但是这不是贸易。

王战（原上海市人民政府发展研究中心党组书记、主任）：上海的地理位置决定它一定是个贸易中心，但是它的所有贸易活动实际是受到计划经济、价格、商品调拨这些限制的，在对外贸易这块，实际上上海也是进出口的一个口岸，很多商品还是通过上海进出的。

(二) 调整与发展

1958年,我国开始了第二个五年计划,党中央提出"鼓足干劲,力争上游,多快好省地建设社会主义"的总路线。经过新中国近10年的发展,上海外贸有了长足进步,1958年进出口额达到6.95亿美元,其中出口6.29亿美元,比上年增长51.6%。出口的国家或地区前所未有地达到91个。但次年,各项指标均有下降,至1962年,出口跌到5.53亿美元,仅及1959年出口额的75%,1961—1963年出口额均低于6亿美元。随着宏观经济改善,上海的外贸得以恢复,1963—1966年上海的出口贸易年平均增长率达到12.08%,1965年出口额达到7.57亿美元。1958—1965年,上海进出口占全国比重在20%左右,出口占比则超过30%。

上海外贸工作坚持"经济服从政治,贸易配合外交"的原则。上海在1958—1965年承担了对外经济合作和援助项目35项,涉及越南、朝鲜、阿尔巴尼亚、古巴、蒙古、波兰等国。1957年上海对社会主义国家出口额达到3.15亿美元,占上海出口总额的69.7%。20世纪60年代由于中苏关系的恶化,上海对苏联的出口额快速下降,从1959年的3.51亿美元降至1965年的5 096万美元。

为了应对新的变化,上海加强了与发展中国家和西欧、加拿大的经贸关系,从1964年开始,对资本主义国家出口超出对社会主义国家的出口,对资本主义国家的出口贸易从1958年的2.66亿美元增长到1965年的5.68亿美元。所占比重由1958年的33.5%上升到1965年的68.1%,对西方发达国家或地区的出口排序依次是西欧、日本、澳大利亚。这是自上海开埠以来对外贸易重心的第二次转向,由苏联等社会主义国家又一次转向西方资本主义国家。

就对资本主义国家的出口产品结构看,1958年工矿产品占11.8%,农副产品占38.3%,农副产品加工占49.9%;1965年工矿产品增加到28.7%,农副产品25.3%,农副产品加工46%。总体来看,出口商品结构有较大变化,"大跃进"时期出口商品中工业品比例迅速增长,1958年即有超过一半的出口产品为工业品,1960年达到了75.8%。1961—1965年出口的工业品结构发生变化,以农副产品为原料的轻纺工业品出口减少，重工业品出口有所增加。这反映了当时农业生产遭遇严重困难，而工业水平有所提高。就进口商品结构来看，进口的主要是钢铁、机床、卡车、化肥等生产资料。由于农业减产，这一时期进口的粮油等农副产品增加，1960—1965年，粮油进口在366万—550万美元，与1957年进口粮油30万美元相比，增加了十多倍。

20世纪60年代初，上海市政府决定，并经外经贸部批准，自筹外汇资金，在国际市场上进行原材料加工成品或半成品出口，出口赚取的外汇滚动使用，如进口棉花、毛条、人造丝、橡胶、纸浆、金银宝石，加工成棉布、针棉织品、服装、呢绒、纸张、轮胎、手工艺品出口，不但出口创汇，还带动了地方工业。

（三）统一对外

在遵循国家"统一对外"的基本原则，加强与内地的贸易联系的过程中，上海市外贸局在江苏、浙江、安徽、四川、江西等省设立办事处，组织内地货源。为了适应对外援助工作，1961年8月，上海市计划委员会设援外办公室，1965年改组为上海市对外经济联络局和中国成套设备出口公司上海分公司，实行"一套班子，两块牌子"，归外贸部和上海市政府双重领导。

"大跃进"时期的高指标和浮夸风自然也影响到对外贸易行业。当时提出的"大进大出"造成对外贸易进口的盲目扩大和出口的超越国力。为了"大出"，甚至出现"指山买矿，指河买鱼"的浮夸情况。为了"大进"，甚至到国外"扫仓库"，购买国外积压的低劣商品。上海同样也提出了不切实际的指标，要求对苏联、东欧国家的出口增长20%，对资本主义国家的出口增长80%，签订的出口合同大大超过国内的生产能力，很难履约。这些都对对外贸易事业造成严重伤害。

三、对外贸易的跌宕起伏

（一）国内动荡冲击与外贸停滞

进入1966年，我国开始长达10年之久的"文化大革命"。在此期间，世界国际贸易飞速发展，外向型经济的亚洲"四小龙"趁势崛起。而我国由于陷入内乱，经济被推向了崩溃的边缘，贸易发展遭遇重大挫折。这十年，上海出口贸易的年均增长率为8.5%，远远低于世界出口贸易额年均增长率17.3%，上海对外经贸在这一特定历史条件下艰难曲折地前进。

表3-1　上海外贸进出口商品总额　　　（单位：亿美元）

年　份	外贸进出口商品总额		
	合　计	进　口	出　口
1966	9.12	0.38	8.74
1967	8.89	0.47	8.42
1968	8.83	0.34	8.49
1969	8.92	0.16	8.76
1970	9.13	0.46	8.67
1971	10.39	0.58	9.81
1972	13.93	0.63	13.30
1973	23.96	0.80	23.16

（续表）

年　份	外贸进出口商品总额		
	合　计	进　口	出　口
1974	25.37	0.98	24.39
1975	23.28	1.08	22.20
1976	21.03	1.25	19.78

数据来源：上海市统计局.《上海市国民经济和社会发展历史统计资料：1949—2000，贸易外经分册》.中国统计出版社，2001：213.

1. 对外贸易遭受冲击

1966年5月，"文化大革命"在全国范围铺开，"四人帮"觊觎对外经贸大权，他们以莫须有的罪名从各方面打击、挫伤对外经济贸易的积极性。例如，以"丧权辱国"来形容灵活积极的贸易方式；禁止出口印有"龙凤"等中国传统特色商标的商品，扣上"复古""四旧"的帽子；把小型机械设备等商品的进口，批判成"崇洋媚外"。新中国成立以来我国的对外经贸路线、方针和成就遭到了强烈抵制和全面否定。

在"文革"初期，上海的对外贸易受到了严重干扰和冲击，出口贸易一直在9亿美元左右，进口贸易约为0.4亿美元，其中1969年进口额只有0.16亿美元，是新中国成立后的进口贸易最低点。整体来看，1966—1970年，上海对外贸易发展基本处于停滞状态。

2. 外贸破坏的反干扰斗争

"文革"初期，在"四人帮"对外经贸战线进行干扰和破坏之际，周恩来总理和邓小平同志对此做出了针锋相对的斗争，竭尽全力地促进外贸的发展。例如，有些人反对首饰等工艺品的出口，针对这一问题，周总理于1967年的春季广交会上就明确地表示："外国有很多人愿意出大价钱买这些东西回去观赏，我们出口这些东西能为国家换取外汇有什么不好？"另外，周总理反复强调发展对外贸易的重要性和必要性，1971年10月，在接见全国农业、商业、外贸等专业会议代表讲话时，他指出："我们批判依靠外汇，但不是不要外汇；我们主要是依靠国内，但不是不要国外市场。尽管我们在搞机器，但数量、品种不够，还需要进口。我们还要支援反帝战友，从政治观点看，外贸也要发展。"

1975年8月，在国务院讨论国家计委起草的《关于加快工业发展的若干问题》发表谈话时，邓小平同志也重申扩大对外贸易的必要性，他指出，"要进口，就要多出口些东西"，"工艺美术品等传

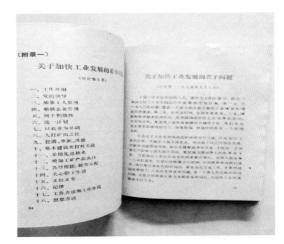

图3-15 1975年《关于加快工业发展的若干问题》讨论稿

统出口产品，要千方百计地增加出口"，"总之，要多出口一些东西，搞点高、精、尖的技术和设备回来，加速工业技术改造，提高劳动生产率"。

周总理和邓小平同志对"四人帮"破坏外贸行动的反干扰斗争，对全国经贸战线的干部职工起到了极大的鼓舞作用。上海外贸一线的广大干部群众，怀揣爱国之心，充分发挥主观能动性，自觉努力地开展对外经贸活动，为上海经贸的发展贡献自己的力量。

（二）国际形势巨变与外贸发展

1. 外交环境的改善

1971年，我国恢复了在联合国的合法席位。1972年2月，美国总统尼克松访华。紧接着，日本首相田中角荣的专机也抵达了北京首都机场。随后，中日、中美相继建交。国际形势的巨变，让中国的对外贸易迎来了新的发展。

熊月之（上海社会科学院历史研究所研究员、复旦大学特聘教授）：上海对欧美世界的贸易，从尼克松访华以后，在1972年中日建交以后，上海对外贸易就不断扩展，和日本方面有很大的联系，和美国也逐渐开始有了联系，改革开放以后联系就越发多了起来。

邹增强 (《上海市志·口岸分志·口岸综述卷》执行主编)：1979年1月1日中美建交以后，第一条美国来沪的商船——莱利克斯号抵沪，同年3月25日，中国的商人柳林浩从上海启航前往美国的西雅图，随后中国和美国的贸易日益加强和频繁。1983年，上海和欧洲，特别是西欧的集装箱定期的班轮航线又开通了。

1971年10月25日，这是一个极具历史意义、可以载入中国史册的时刻。联合国大会第26届会议以76票赞成、35票反对、17票弃权的压倒性优势，通过了阿尔巴尼亚等23国的提案，决定恢复中华人民共和国在联合国的一切合法权利，并立即驱逐联合国及所属一切机构中的台湾国民党当局代表。这一刻，每个中华儿女以及全世界热爱和平、主持正义的国家和人民都为之欢呼雀跃，这是我国外交工作上的一次重大突破，意义深远。

1972年2月21日，美国总统尼克松访华，在北京首都机场受到周总理等中国领导人的欢迎。1972年2月28日，标志着中美两国关系正常化进程开始的《中美上海联合公报》发表，中美两国关系从此进入了

图3-16　1971年中国恢复在联合国的合法席位

一个新的历史时期。

1972年9月25—29日,日本首相田中角荣来华访问。1972年9月29日,中日政府签署《中日联合声明》,宣告两国之间的不正常状态业已结束,中日邦交开始正常化。

2. 主要贸易地区的改变

中国在联合国合法席位的恢复,以及中美关系正常化、中日邦交正常化,极大地提高了我国在国际社会上的影响力和话语权,这一系列外交环境的改善为我国的经济发展提供了机遇。国际形势的巨变以及西方经济复苏等有利因素的出现,让上海的外贸迎来了新的发展。新中国成立至改革开放前的这段时期,受到外交环境及政治因素影响,上海在不同阶段的重要贸易伙伴有所变化。

1949—1960年为上海与苏联和东欧等社会主义国家贸易的全盛时期,1960—1977年为贸易的低落时期。1950年,中苏两国签订贸易协定,苏联成为建国初期我国最主要的贸易国。1952—1960年,上海通过引进苏联、东欧的技术设备,改造或新建了汽轮机厂、冶炼厂以及上海船厂等多个项目。20世纪50年代末,由于中苏关系开始恶化,上海与苏联和东欧国家之间的贸易陷入低谷,贸易额大幅度下降。

新中国成立初期,因为美国、日本、西欧等国对中国实施禁运和封锁,中美、中日贸易大幅锐减。从20世纪60年代初开始,由于中苏关系破裂、贸易中断,美国、日本以及西欧等西方资本主义国家逐渐代替苏联、东欧等社会主义国家,加强了与上海的贸易交往。1972年尼克松访华,这成为上海与西方资本主义国家之间贸易的重要分水岭。随着中美关系正常化、中日邦交正常化,上海同美国、日本以及西欧等国家的贸易关系突飞猛进,迅速发展成为最重要的贸易伙伴。政治关系的缓和,创造了经贸合作的条件,上海的对外经济贸易活动得以重新进入西方国际市场。

3. 对外贸易规模的扩大

"文化大革命"后期,由于主客观因素,上海终于结束出口长期徘徊局面,积极开拓对外贸易。当时,各外贸公司都组织得力的外销人员,重点开发远洋贸易,取得显著进展。从上海的进出口总额来看,

1971年达到10.38亿美元,首次突破10亿美元大关,1977年进出口总额增长到23.21亿美元,比1970年进出口8.67亿美元增长1.68倍。

这一时期,由于受到国际形势及国内外政治因素的影响,上海对西方资本主义国家的贸易发展迅速。1976年,上海对美国、日本以及欧洲共同体等发达国家出口的贸易额达到6.83亿美元,比1970年的2.25亿美元增长2.04倍,占上海的出口比重也由25.8%上升到34.47%。值得一提的是,1972—1976年,上海对美出口额累计达1.67亿美元,1976年对美出口总额达6 226万美元。对日贸易发展更快,1970年出口总额仅有0.51亿美元,1976年达1.82亿美元,增长了2.57倍。对联邦德国、澳大利亚的出口,也成倍增加。

4. 进出口商品结构的优化

从上海的出口商品结构看,1975年,上海农副产品的出口比重由1953年的63.92%下降到37.40%。纺织产品和机电仪表分别从1953年的35.17%和0.91%提高到48.86%和13.74%。1978年,上海的农副产品出口大幅下降,纺织产品占出口的比重超过一半,到20世纪80年代中期则超过六成,机电仪表的出口也有大幅度提升。直至改革开放后的20世纪90年代中期,轻纺产品和机电仪表依然是上海出口商品中的主打产品。

从上海的进口商品结构看,20世纪五六十年代,五金和染料是上海主要进口产品,如无缝钢管、薄钢管、马口铁等。20世纪70年代,随着国际形势的巨变,进口商品的种类开始多样化,逐渐出现了一些机械和高技术设备。例如,1972年从美国进口了波音飞机、人造卫星通信地面站和合成纤维等;1973年进口了石油化工、电讯、电子设备等机械和成套设备。

四、进出口商品的时代缩影

（一）梅林罐头：出口商品的"佼佼者"

说起梅林罐头，老上海人一定不会陌生。在那个物质不算丰富的年代，罐头产品极大地丰富了人们的菜单，梅林罐头无疑是其中的佼佼者。今天在上海的各大超市里，仍然能看到梅林罐头的身影。而鲜为人知的是，从20世纪六七十年代起，梅林牌罐头食品已经出口到五大洲的70多个国家，是上海出口商品中不折不扣的"网红"产品。

赵志芳是上海梅林罐头食品厂的老厂长。从1962年进厂，她经历了梅林食品从计划经济到市场经济转型的各个阶段。说起当年梅林罐头在国际市场上的受欢迎程度，赵厂长滔滔不绝。梅林罐头厂诞生于20世纪30年代。关于它的出现，还有段有意思的故事。20世纪20年

图3-17　梅林罐头

代末,上海已经成为远东第一大城市,许多国外商品云集于此。这个时期上海的西餐厅里已经出现了罐头食品。在租界附近的一处石库门房子里,几个中国人,凭着往日做西餐的经验和一腔热情,通过反复试验,终于研制出中国的第一瓶番茄沙司。

赵志芳(原上海梅林罐头食品厂厂长):就像皇帝的女儿不愁嫁的,整个市场是供不应求的。国际上都知道上海有一个梅林,最厉害的时候,上海梅林厂的工作证,工作证上面有梅林的盾牌,到东南亚这个工作证都很值钱的,因为人家一看你是梅林的。很多人为梅林做出了很大的贡献。我们厂里的职工为什么对梅林感情那么深呢? 因为都知道质量是非常要紧的,来之不易。

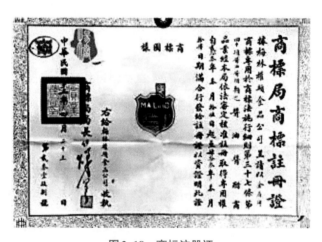

图3-18　商标注册证

赵志芳(原上海梅林罐头食品厂厂长):那时候我们国内是没有罐头的,那时上海的西餐厅里面,法国的青豆罐头、美国的番茄沙司卖价非常高,这些东西我们国家好像都有的,不是赚我们钱嘛,差价非常大。所以西餐馆的厨师和做蔬菜生意的几个人一看这种情况,感觉到这里面有差价,而且差价蛮大,有利可图。中国人都懂的,青豆多少价钱,你卖出来什么价,觉得我们要抵制舶来品,使用我们的国货。在这种思想下,就想做罐头。

1930年10月,上海梅林罐头食品厂成立,后改为股份有限公司。"梅林"一词取自诗句"梅花香自苦寒来",希望工厂如寒冬中盛开的梅花一样,不畏雨雪冰霜,艰苦创业;而梅花成林,则是繁荣美好的象征。1933年8月,梅林公司申请注册"金盾"商标,从而开启中国罐头工业之先河。工厂从最初的作坊式生产发展升级为规模化生产,梅林的口号是"生产救国",公司倡导国货自勉,以著名土产制造罐头食品,以"抵制舶来品,争取外汇"为宗旨,至1938年梅林外销罐头产品已达126种。

图3-19　1953年梅林股票

 赵志芳(原上海梅林罐头食品厂厂长):为什么要搞一个品牌呢?因为你要出口的话,没有品牌不行的,所以在1933年注册了梅林盾牌,到1937年就开始出口了。1933年刚成立的时候是针对上海滩的西餐馆,后来广州、武汉、南京都有了。后来考虑到出口,所以在1933年的时候注册了梅林"金盾"的商标,这样子就出口了。

抗战期间,罐头食品作为易藏物品遭到市民哄抢,梅林罐头得到空前发展。即使在日寇的严密封锁下,梅林公司还是冒着风险打通运往美国的通道。据记载,1940年至1941年5月,运往美国的梅林罐头共计15 637箱;1940年4月25日,运往芝加哥鲜笋罐头600箱……

 赵志芳(原上海梅林罐头食品厂厂长):1949年的时候,几个民族资本家把梅林厂的资金,二十几万美元和二十几万港元往台湾的分厂转掉了,要停产了。之后我们国家组织工委,后来公私合营,真正梅林的发展是在新中国成立以后。

上海解放后,梅林罐头先经历了公私合营,后又与上海益民食品二厂合并,实力大大增强。厂址也搬到了现在的军工路224号。

图3-20　中外方管理人员在梅林厂门口合影

图3-21　梅林食品有限公司开业剪彩仪式

赵志芳（原上海梅林罐头食品厂厂长）：原来这个地方是益民二厂，是日伪和国民党的军工厂，为他们部队里面做罐头的。后来新中国成立之前，日本人投降以后，国民党也把它变成国民党的军需工厂，是国家的，所以它的设备、技术力量还是有一点的。到新中国成立以后，变成我们国家的解放军的军工厂，当时抗美援朝的时候，红烧牛肉、红烧猪肉，都是送往朝鲜战场上，都是我们这里做的。

1957年，梅林食品厂聘请捷克专家前来指导生产，研发出特制的西式午餐肉罐头，并向欧洲出口；1959年又研制出西式高温火腿罐头和中式八宝饭罐头，同样广受海外市场的欢迎。

张晴峰（上海梅林正广和股份有限公司上海梅林罐头分公司总经理）：我们第一罐午餐肉是1957年捷克专家来到我们的军工路工厂指导我们生产的。当时我们的设备也非常老旧，生产工艺也非常简单，大多数都是靠人工来完成的。

图3-22　梅林罐头厂区外景实拍

赵志芳 (原上海梅林罐头食品厂厂长): 我记得我1962年进厂的时候,午餐肉怎么做的? 是一个个用肚子顶的,一顶一只,一顶一只,是这样子的,是不可想象的,没有像样的生产线,午餐肉已经算是好的了。像做清蒸猪肉,很热的天要经过排气箱,一个个排过去的。

后来为了满足方听午餐肉的生产,梅林食品厂特地从意大利进口了一台机器。

 赵志芳 (原上海梅林罐头食品厂厂长): 这时候午餐肉在国内开始生产的时候是生产圆听,实际上国际上要方听,为了方听午餐肉的生产,买了这台机器,否则方听做不出来。买了这台机器,一道一道加工环节,只要放进去,一下子就成型了,再放到封罐车间密封,这样子,空罐的数量上去了,做好空罐才可以注罐生产。这个机器从1964年起用,一直用到方听电车进来,原来一直是这个机器。

图3-23　1957年,捷克专家(中)到梅林指导生产午餐肉罐头

图3-24　20世纪50年代，上海梅林罐头食品厂的工人们在处理鸡肉

　　计划经济年代，罐头的出口都是由国家集中管理，统一安排。对苏联和东欧国家出口的罐头，统一使用长城牌商标；对西方和其他地区出口的罐头则由上海、天津、广州等口岸公司对外经营，每个口岸都有一到两个专用商标。梅林牌就是上海口岸的专用商标。当时有六省一市的罐头统一以梅林牌出口。

　　赵志芳（原上海梅林罐头食品厂厂长）：*梅林发展到今天，实际上有很多的罐头厂，比如上海食品进出口公司，还有中国粮油食品进出口公司，还有其他六个省的食品进出口公司，都做出了贡献。否则怎么可能在计划经济的时候，例如1978年的时候一下子能够生产1万多吨出口。1万多吨要到五大洲的70多个国家，正因为有这样一个庞大的销售机构，还有六省的工厂，大家都在做。所以，梅林品牌在国际上的影响这么大，是因为我们国家的政策。*

　　20世纪50—70年代，梅林罐头从出口苏联、捷克等东欧社会主义国家,到新加坡、马来西亚等国家和地区,直至打开了非洲、中东地区的市场。八宝饭罐头、番茄沙司、火腿罐头等梅林产品,风靡世界。其中尤以午餐肉罐头最为走俏,菲律宾为此有了"梅林午餐肉包饭"的流行吃法。在中国香港,梅林午餐肉罐头也是许多餐馆与饭店的首选。

张晴峰(上海梅林正广和股份有限公司上海梅林罐头分公司总经理):改革开放以后,梅林工厂和我们上海食品进出口进行了一个合资,合资以后,我们上海梅林军工路的工厂有了自营出口权,从此以后我们梅林就独立出口。现在我们出口的主要产品是远销东南亚的午餐肉罐头,每年能达到5 000万美元的出口额。

作为一个有近百年历史的"老字号"品牌,梅林罐头直到今天仍活跃在世界市场。为了赢得年轻人的喜爱,他们还推出了新款"猪大萌"午餐肉,以及当下流行的直播带货营销模式。这是百年梅林与互联网的结合,也是传统国货在新时代的全新出发。

(二) 友谊商店: 新中国外交史的见证者

友谊商店,曾经是不少上海人心驰神往的地方。在商品供应匮乏的岁月,它对外是展现友谊的窗口,对内又是一种身份和特权的象征。友谊商店的历史折射出一段特殊时期的中国国情。

自20世纪50年代中期起,中国与东欧国家的交往日渐频繁,为了满足外宾不断扩大的购物需求,在南京东路345号东海大厦开设上海友谊商店,于1958年2月26日试营业。这是一家专为外宾、华侨、港澳台同胞和高级领导干部服务的综合性商店,主要供应中国名特产和市场紧俏的食品、日用品以及进口商品。

1970年,在"东风吹,战鼓擂"号角声中,友谊商店又迁至外滩中山东一路33号原英领馆旧址内。由于围栏和绿化的阻隔,友谊商店更是"养在深闺人未识",远远望去,只有"我们的朋友遍天下"八个大字分外醒目。

图3-25　南京东路上的友谊商店

图3-26　中山东一路33号的友谊商店

　　1985年,友谊商店落户于上海北京东路40号,许多上海人对友谊商店的印象始于此时。

　　上海友谊商店曾是上海人对"进口"二字的所有想象。店内除出售"特供"级别的中国产品,如高端的杭州织锦、苏州双面绣之外,还有大量国人闻所未闻的洋货,如威士忌、万宝路、好时巧克力等。

图3-27　北京东路40号的上海友谊商店

图3-28　友谊商店供应的这些物品在市场上都是紧俏商品

葛涛（上海社会科学院历史研究所研究员）：那个时候被我们理解成高档商品，工艺品比较多，比如说丝绸、名贵的酒、高档的茶叶，还有面料，就是在外面看不到的东西，这里面都有。而且里面的环境，购物环境也很好，甚至比当时的第一百货商店还要好。

晁钢令（上海财经大学教授）：到友谊商店去买东西必须用外汇，当时是这个情况，因为它主要是对国外的旅游者，所以很多老百姓到那里也喜欢很神秘地看看，不知道里面到底是怎么样。

友谊商店的顾客，主要是访华的各国政府代表团，以及来沪旅游的外国友人。友谊商店的接团记录直观地刻画出了中国外交的变化轨迹：在20世纪50年代，苏联客人居多，占了90%；20世纪60年代，仍是社会主义阵营的朋友唱主角；从20世纪70年代中美关系正常化和中日邦

图3-29 参加亚非乒乓球友好邀请赛的运动员在友谊商店选购乒乓球拍

交正常化起，我们的朋友真正开始遍天下，西哈努克亲王、基辛格、田中角荣、萨马兰奇都曾到访。其中，西哈努克亲王对友谊商店情有独钟，1971—1974年，每年来一趟。

1972年对新中国来说，是一个意义非凡的年份。1972年2月21日，美国总统尼克松率团访华，中美两国关系正常化进程开始，一周后代表团走进上海友谊商店，这是友谊商店首次接待美国官员。同年9月，中日实现邦交正常化，田中角荣率团来到友谊商店，队伍浩浩荡荡，竟有246人。

图3-30　前奥委会主席萨马兰奇在友谊商店留言

图3-31　满载而归的日本客人

图3-32　公主号游轮的客人光临友谊商店

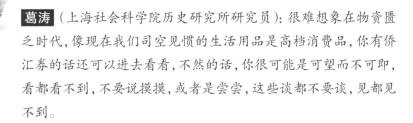

葛涛（上海社会科学院历史研究所研究员）：很难想象在物资匮乏时代，像现在我们司空见惯的生活用品是高档消费品，你有侨汇券的话还可以进去看看，不然的话，你很可能是可望而不可即，看都看不到，不要说摸摸，或者是尝尝，这些谈都不要谈，见都见不到。

晁钢令（上海财经大学教授）：友谊商店也去过，我也有一些海外亲戚，当时也有一些外汇兑换券，但是也没有买什么东西，只是进去看看而已。

由于友谊商店的设立初衷是为手持外汇兑换券的外国人服务，所以曾几何时，门卫一度禁止那些看上去不像老外的顾客入内。当年，上海市民常会在门外窥视，好奇商店里出售的物品，也成了那个年代特有的沪上一景。

葛涛（上海社会科学院历史研究所研究员）：从友谊商店诞生一直到衰亡的历史就可以看出中国人是怎样渴望开放，一直到完全融入开放，这里面的过程是很不简单的。这个当中我们为了吸收一点外汇，为了在世界上输出我们的文化，给中国人加分，凝聚了最好的商品，用最合适的价格展示，这不单单是商品的展示，更是一个文化的展示。

五、拉开对外贸易改革的新幕

（一）对外经贸体制的改革

1978年12月召开党的十一届三中全会，确定了对内搞活、对外开放的基本方针，这是上海外经贸发展的历史转折点。1978—1990年，上海根据中央部署的外贸体制改革方向，结合上海实际，创造性地进行了一系列的改革和探索。

1. 分级管理，共同领导

根据中央关于"实行进出口分级管理，扩大地方经营商品范围"的精神，1979年12月，上海市对外贸易总公司成立，这是全国首家地方外贸总公司。

图3-33　上海市对外贸易总公司成立

它与上海对外贸易局"一套班子，两块牌子"，是一个政企合一的单位，集中经营上海市进出口业务，与部属外贸专业总公司共同领导和管理上海的15家分公司及相关的外贸企事业单位。这项改革对全国集中统一的对外贸易体制造成了一定的影响，使其产生了松动的迹象。

2. 简政放权，政企分开

1979年8月，上海外经贸开始进行简政放权试点。充分利用中央下放的权力，大力发展地方外贸企业，扭转专业外贸公司垄断经营、工贸分离的状况。先后成立了玩具、仪表电子等工贸结合的进出口公司，并组建了一批综合性地方外贸公

图3-34　上海玩具进出口公司——绒绣

司，如申信、华建、爱建、永丰等。1980年1月，改革开放后上海第一家工贸进出口公司——上海玩具进出口公司成立。

1981年，上海外贸总公司从上海市对外贸易局分离出来，成为独立经济实体。1983年底，上海市政府将市进出口办、市外贸局和市外经局整合为上海市对外经济贸易委员会，以减少管理层次，方便集中管理。1984年，上海市对外贸易总公司变更为地方性的综合外贸企业，实行经理负责制，自主经营、独立核算、自负盈亏。

3. 工贸结合，放开经营

在计划经济时代，由于生产企业对国际市场了解不足，以及对产品出口缺乏积极性，工贸双方之间不可避免地会产生矛盾。为此，上海推行了"四联合、两公开"制度，即"联合办公、对外洽谈、安排生产、派员出国考察"，外贸企业商品销售价格公开、生产企业产品成本公开。通过这一制度来加强工贸之间的联合，充分调动双方的积极性。

1988年，上海外贸系统与市内外各生产部门合资创办联营企业550家，其中上海262家。到1990年底，有进出口经营权的企业（包括部属企业）在沪已达115家，大致可分为外贸专业公司、以工为主的工

贸合一公司、部属外贸公司、综合性地方贸易公司、以技术为主的计贸合一公司、工贸联合外贸公司以及生产企业自主经营出口业务等七种类型。

4. 企业承包，统负盈亏

自1986年开始，上海积极推进外经贸企业经营机制改革，在18个外贸专业分公司全面实行经理负责制和承包制，并于1988年在全国外贸系统推行承包经营责任制。这与过去企业"只保出口，不讲盈亏"的状况相比，前进了一大步。之后，中央放权给地方，专业外贸分公司归属地方管辖，与北京总公司脱钩，这个措施大大调动了地方发展外贸的热情。

承包制的推行增强了企业注重效益的观念，激发了市场竞争力，有利于对外贸易的快速发展。但是，在改革的初期，由于缺乏经验，步伐太快，也出现了地区之间相互封锁限制、企业只看眼前利益、不顾长远发展的问题。

5. 多种方式，出口代理

自1985年起，上海先后在嘉丰棉纺厂、上海第四棉纺厂、微型轴承厂、跃进电机厂、第三毛纺厂等工业企业进行出口代理制的试点。在此经验的基础上，1989年上海在纺织行业全面推行出口代理制。

由于纺织行业各生产企业的基础不同，上海的出口代理制主要有三种方式：在经营条件较好的少数工业企业中推行符合国际贸易惯例的出口代理形式，一步到位；在大部分企业中，实行完全的出口代理，即采用"五代理、五公开"；在服装等少数行业中，实行初级出口代理，即工贸关系基本维持原来的收购制。上海的出口代理制成效颇丰，以嘉丰棉纺织厂为例，在1985年出口代理制试行后，当年创汇400万美元，取得了508万元人民币的利润，1988年创汇达1 400万美元，利润达2 500万元人民币，短短几年时间，创汇和创利分别比1985年增长了2.5倍和3.9倍。

（二）对外经贸业务的探索

改革开放激发了上海外经贸的活力，同时也使上海面临着严峻的挑战。由于全国推行外贸计划体制改革,内地省市调整给上海的出口货源逐年递减。1979年外省调入货源达43亿元,到1981年仅有17亿元。出口货源的大幅减少直接导致了上海口岸的出口一度滑坡。针对在改革开放中面临的新问题,上海采取了一系列举措。

1. 利用国际资源,解决原料不足

针对原料不足的问题,上海主要靠扩大来料加工和发展"三来一补"两条途径来解决。1989年,上海用于来料加工的外汇已达11亿美元,当年来料加工贸易额为20亿美元,占上海出口额的近40%,扩大来料加工的这一措施颇见成效。据统计资料,1989年上海"三来一补"贸易额2.69亿美元,占上海出口额的5.3%。由于海关手续烦琐、进展较慢等原因,这类业务仅在某些公司发展较快,如经营和服和丝绸时装的上海丝绸进出口公司,其70%以上的出口是来料加工。

2. 采取多种形式,促进出口生产

针对外省调入货源逐渐减少的情况,上海依据"立足本市为主,争取外援为辅"的原则,重新调整同内地省市的关系,注重加强横向经济联系,在各地建立外贸出口生产基地。上海在实践中探索出10种经济联合的形式,即调拨、买断换购、产品补偿、代理出口、双向承运、联合经营、合作生产、合资办厂以及组建集团等。与此同时,为促进本市出口生产,采取多种有效措施:一是多方筹措资金,扶植出口生产;二是实施奖励措施,调动生产积极性;三是外贸办实业,发展合资联营企业。上述举措成效显著,1990年,从外省进货达59.81亿元,创造了新的历史纪录;上海外贸在外省举办联营企业达373家,其中提供产品出口的有343家;收购的出口货源达193亿元,占上海口岸出口总值的70%。

3. 实施销售战略,扩大出口市场

改革开放以来,各地外贸企业应运而生,但由于受到经营能力的限制,往往涌向港澳等市场。根据这种趋势,上海及时进行了战略性调整,结合地理位置、城市功能和对外贸易优势,实施全球销售战略,扩大出口市场,重点开拓欧美远洋市场,卓有成效,销售市场不断扩大,1990年合作伙伴已遍及171个国家和地区。其中,中国香港占首位,出口额达10.29亿美元;日本居第二位,出口额为7.59亿美元;第三位是美国,出口额为7.45亿美元；联邦德国、新加坡、苏联、意大利、英国和澳大利亚等国紧随其后。

4. 转变经营作风，扩展贸易方式

为解决外贸开放经营后内部竞争加剧的问题，上海采取三种有效手段来转变经营作风。一是抓紧产品升级换代。多种经济措施并用，对工业和外贸适销、新型、高档商品的开发进行鼓励，支持发展深加工、精加工以及机电仪表产品。二是改变坐商经营作风。转变原来的管理模式和经营机制，开始走出去做生意。不仅进行海外推销，还到海外设点办企业。到1990年，上海在海外开设的经贸机构遍布五大洲，高达150个。三是采取灵活贸易的做法。一方面要扩大知名度，采取广告、展览等促销手段；另一方面提高内外竞争水平，接受定牌生产，以进带出，通过中外结合创名牌等做法来扩大上海出口贸易。

5. 改善内部环境，助力外向型经济

发展对外贸易除了需要与之适应的好的体制外，还需要其他的软硬件条件。为此，上海提出了一系列改善内部环境的措施，为发展外向型经济创造条件。

（1）健全行政机构。为了提高工作效率，更好地吸引外资，1988年，上海成立上海市外国投资工作委员会，实现对外商的"一站式"服务，深受外国投资者的欢迎。除此之外，上海市外经委还先后增设了一些其他行政机构，如技术进出口处、外汇调剂中心、物资服务公司以及中国进出口消费品质检中心等。

（2）完善经济法规。一是根据上海地区的发展规划，利用减免优惠引导外商投资的方向，如《上海市关于鼓励外商投资的若干规定》；二是为外商投资提出新的解决方式，如《上海市土地使用权有偿转让办法》；三是帮助改善企业内外关系，如《上海市外商投资企业投诉及处理办法》；四是简化审批手续，如《上海市外商投资项目申请和审批程序的暂行办法》等。

（3）打造专业化外贸人才与组织。1983年，上海市政府打破统一录用和调配模式，率先实行考试招聘方式。1983年6月，上海举行首届对外贸易洽谈会,即上交会,来自38个国家和地区的929家客商参加。1985年6月,上海世界贸易中心协会成立。1987年,全国第一个地方外贸行业协会——上海对外贸易协会成立,先后有百余家团体会员参加。

（4）改善交通、通信等条件。先后开辟了上海至中国香港、日本等地的客运航线,形成连接全球的交通网络;建设国际直拨电话、可视电话和传真等现代化的通信网络。1987年建设闵行、虹桥、漕河泾3个开发区,并在虹桥开发区开辟领馆区,一个以全面开放为目标的外向型经济格局正在形成。

（三）对外经贸的重新起步

改革开放以来,国家的工作中心逐渐转移到经济建设上来,上海的经济活力开始迸发,外贸事业也迎来新的发展机遇。1990年,上海进出口贸易市场已扩大到171个国家和地区,进出口总值达74.27亿美元,比1978年的30.25亿美元增加了1.46倍,其中出口由28.93亿美元增至53.17亿美元,进口由1.33亿美元增加到21.10亿美元。1979—1990年,进出口贸易总额平均每年递增8.5%,进口激增是改革开放后外贸方面的一个显著变化。除此之外,上海出口市场的位次和进出口商品的结构也都有所变化。

1. 出口市场位次

中国香港历来是上海出口的重要贸易伙伴,1978年占上海出口总额的18.87%,1979—1990年一直比较稳定,始终维持在第一位,1990年占上海出口总额的19.36%。美国占上海出口总额的比重在1985—1990年稳定在14%,自1981年对美出口额超过日本后,屡次排名第二。1990年,上海实际对美出口总额为10.63亿美元,约占上海出口总额的20%。日本占上海的出口总额比重有小幅增长,1978年占上海出口总额的9.31%,1990年增长到14.28%。其中,1985—1987年,日本在上海对外贸易额中占第三位,1988—1989年跃居第二位。除中国香港、日本、美国外,联邦德国、新加坡等也是上海当时重要的贸易伙伴。

　　1990年上海对外贸易出口市场的位次如下：中国香港、日本、美国、联邦德国、新加坡、苏联、意大利、英国、澳大利亚和加拿大。出口贸易市场结构也具有显著特征：一是对美国和中国香港地区的出口继续增长；二是对苏联以及东欧地区的出口贸易有所减少；三是对中国台湾地区出口有较大幅度增长。

　　2. 进出口商品结构

　　从出口商品结构看，轻纺产品出口的比重从新中国成立初期到20世纪90年代一直在增长，1978年占比56.56%，1990年提高至63.7%；机电仪表从1978年的12.26%增加到1990年的23.85%，轻纺产品和机电仪表这两类产品多年处于出口垄断地位；农副产品占出口的比重则不断下降，1978年占比31.18%，到1990年只有12.45%。

　　从进口商品的结构看，1978—1990年生产资料的进口都在70%以上，其中机械设备的进口持续增长，1990年各类纤维、人造棉、羊毛等占了进口额的20%。钢材和有色金属占进口的12.2%。1985—1990年引进的技术设备占比不高，成交项目和金额也不大，约为1亿—2亿美元。

　　总体来看，1978—1990年，上海对外贸易发展迅速，体制改革初见成效。一方面确立了中国香港、美国、日本、联邦德国、英国等在上海进出口贸易中的主要地位；另一方面进出口商品结构发生变化，轻工产品纺织品在出口商品中占比超过六成；轻工原料、机械设备等成为主要进口商品，技术进口也已初具规模。

（四）海关体制改革：恢复海关关税

　　自1978年开始，在中央的统一部署下，上海率先进行了一系列改革，积极探索市场导向的现代对外贸易体制的建立，其中恢复海关征税呼声极高，海关体制改革迫在眉睫。在上海海关大楼档案室里，珍藏着一封来自43年前的信。这封信是当时上海海关9名年轻关员以写信的方式，向党中央提出的呼吁——"恢复关税征收、改革海关体制"。信的落款日期为"1978年1月5日"，信中对海关体制改革的急迫之情力透纸背，信末是9名年轻关员的联合签名。

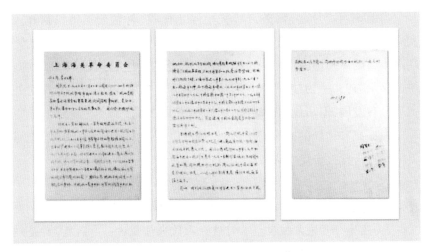

图3-35　1978年9名年轻关员手写信

 顾振兴（原上海海关副关长）：这封信发出的日期是1978年的1月5日，在信的右下角就是有九个人的姓名。五个人是当时货管组的几位同志，四个人是当时我们办公室的几位同志，四个加上五个，一共九个人。我的名字在这里。

新中国成立后的很长一段时期，我国外贸由国家统一管理，海关隶属于外贸部，外贸部下属的各级专业进出口公司负责经营全国的进出口业务。20世纪50年代后，苏联和东欧国家成为我国对外贸易的重点，国家实行集中纳税办法，各进出口公司代替海关计征关税和代征税，由此，关税征收就成了多余环节。

顾振兴（原上海海关副关长）：一个原因，因为他把税收和这个利润合在一起，有时候外贸亏损了，亏损了以后就把这个税款抵扣了。外贸为什么亏损？就看不出来，实际上就掩盖了外贸亏损的真实性，那不利于外贸公司进一步改善经营管理。另外一个原因，对国家、对财政部来说，本来关税是即收即交，直接进国家金库。这个外贸利润是一年一交，所以当时财政部就不能及时收到税款，如果政府要支出，他就没这个钱了。

自1967年7月起,海关进口关税停止征收,外贸公司将税款并入利润统一交库。然而,随着我国改革开放大幕开启,停征关税带来的弊端逐步显露——国库空空,无法建设铁路、公路、电力建设等基础设施。统计显示,1950—1977年,我国百废待兴,开放程度较低,上海口岸对外贸易虽有发展,但步伐相对滞缓,年均增速13.7%。

顾振兴和他们的同事们想到,是否可以通过人民来信的方式,把海关的现状直接报告党中央。

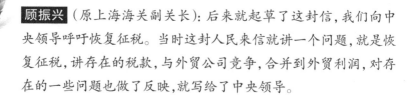

顾振兴（原上海海关副关长）:后来就起草了这封信,我们向中央领导呼吁恢复征税。当时这封人民来信就讲一个问题,就是恢复征税,讲存在的税款,与外贸公司竞争,合并到外贸利润,对存在的一些问题也做了反映,就写给了中央领导。

当时海关职能弱化到仅进行货物监管和计征个人进口物品行邮税,关税对国家财政和经济的杠杆作用几乎消失。顾振兴记得,信寄出不久,财政部信访室来信,说正与外贸部联系处理。为引起中央重视,此后半年,他们又陆续向中央寄出了两封信,强烈呼吁恢复海关征税和海关统计,改革海关体制,并建议"希望能解决税利分开,恢复海关直接征收进出口货物的税收(款)","也希望尽快解决海关体制,以利于海关能适应国民经济调整、发展和对外活动的需要"。

顾振兴（原上海海关副关长）:在1979年的8月17日,我记得好像是这个时候,国务院就批准同意了财政部、国家计委和外贸部报给国务院的文件,就是改进《海关征税办法》和《海关管理体制》,国务院就下达了这么一个通知。后来外贸部等几个部专门下文,从1980年的1月1日恢复海关征税。

1980年1月1日起,海关正式恢复单独对外贸进出口货物征收关税;同年2月,国务院作出关于改革海关体制的决定,成立海关总署,直属国务院。随着中国海关事业发展步入新阶段,中国的对外贸易也开始走上发展的快车道。

1990年4月18日，中共中央、国务院正式宣布开发开放浦东。1990年6月，国务院批准上海浦东设立外高桥保税区。1990年7月，外高桥保税区开发公司成立，这些都为上海对外贸易的新一轮发展注入了新的强劲动力，上海由此开启了历史新篇章。

第四章

勇立潮头

（1991—2021年） >>>

引　子

　　背靠长江水，面向太平洋，长期领中国开放风气之先的上海，风华正茂。

　　一百年来，浦江两岸长风激荡、沧海桑田。上海这座城市，始终以一种"功成不必在我，功成必定有我"的坚定，一路砥砺前行，成为中国与世界沟通和贸易的重要窗口。在新时代、新格局下，上海逐步迈向全球经济贸易舞台的中心，谱写着流光溢彩的发展新篇章。

一、上海贸易：因改革而生，因开放而兴

1978年12月，党的十一届三中全会指出，中国开始实行对内改革、对外开放的政策，以敢为天下先的胆识，翻开了历史新篇章。

上海作为见证者，参与了这一波澜壮阔的伟大进程。

（一）新局甫开：中国改革棋局落子浦东

倘若俯瞰1990年之前的上海，你会看到浦西灯火稠密，浦东则一片昏暗。这个跨河型都市，形同跛脚巨人。

在1990年之前很长一段时间，中央财政的1/6是上海贡献的。从1960年起，在各省区市国民生产总值榜单上，上海高居榜首20年。改革洪波涌起，计划经济下的供销机制、计划调配的各种资源都在逐步走向市场配置。然而当全国各地争先恐后、大踏步前进的时候，身为计划经济重镇的上海负担沉重，只能坐视兄弟地区赶超。1980—1990年，上海在全国GDP榜单上不断下滑，直至跌出前十。

上海人的日子过得逼仄，浦东1987年前无一户居民用过管道煤气。交通拥挤，基础设施陈旧，连续数年财政赤字。20世纪80年代，《解放日报》在头版历数"上海的十个第一和五个倒数第一"，寻找上海发展方向。

从"前锋"到"后卫"的滋味不好受。彼时中国南部沿海的五个经济特区率先发力，珠江经济带异军突起，改革的春风已吹遍全国。身为长江"龙头"的上海落寞，长三角乃至长江沿线裹足不前，沿海开放由南而北，上海岂能"断点"？

图4-1　改革开放初期的上海街头

图4-2　市民骑自行车上班(20世纪80年代虹口区乍浦路桥附近)

熊月之（上海社会科学院历史研究所研究员、复旦大学特聘教授）：我们在20世纪80年代，因为国家开放的中心放在广东，放在深圳等这些地方，那个时候采取先试探，一点点实验。在深圳这些地方实验，因为它们在全国的经济体量当中占的盘子比较小，所以拿它们做试验比较稳妥，它们如果发生问题，船小调头快，问题不是很大，上海那个时候依然是全国最大的经济中心，上海这儿不能出问题，所以上海在20世纪80年代的时候是处于改革开放后卫的时代。

1990年，在上海过春节的邓小平，从浦西望向浦东，思考中国改革开放棋局，以及怎样消除对改革开放的重重顾虑。他心意已决，"机会要抓住，决策要及时……上海是我们的王牌，把上海搞起来是一条捷径"，"抓紧浦东开发，不要动摇，一直到建成"。

1990年4月18日，党中央、国务院宣布开发开放浦东。半个月后，在浦东大道141号"上海市人民政府浦东开发办公室"挂牌，条件艰苦，数人共用一张办公桌，人均一只抽屉，但大家都充满干劲。

时值经济全球化和世界性产业结构大调整，浦东开发开放恰好与寻找资金投向的跨国企业一拍即合。"站在地球仪旁规划浦东"，我们要对标最好的，向伦敦、纽约这样的世界金融中心看齐……一场看似迟到的出发，因为高起点而具有后发优势。

图4-3　1990年刊登于《解放日报》的"开发浦东"新闻

图4-4　上海市人民政府浦东开发办公室、上海市浦东开发规划研究设计院挂牌

图4-5　20世纪90年代初浦东陆家嘴金融区

图4-6　21世纪初上海陆家嘴已成为中国最具影响力的金融中心之一

从最初围绕社会主义市场经济体制改革而不断攻坚克难,到抗击1997年亚洲金融危机,再到2001年加入世界贸易组织后与国际标准接轨,以及在百年未有之大变局中承担新一轮改革开放试点等诸多重大历史转折关口,浦东都不负使命,立足于高水平开发、高层次开放,为我国改革开放战略升级奠定了基础。

(二)满盘皆活:陆家嘴金融贸易区建立

1990年4月,党中央、国务院宣布上海浦东开发开放,并把陆家嘴推到了改革开放的最前沿。陆家嘴金融贸易区作为唯一以金融贸易命名的国家级开发区,是上海改革开放的象征。

42年前,这里还是一片阡陌纵横、芦苇摇曳的农田。

1995年6月,银都大厦建成,中国人民银行上海分行正式落户陆家嘴,成为陆家嘴金融行业的领头羊。随后,上海证券交易所、交通银行总部也相继入驻。

几年里,众多中资和外资银行以及其他金融机构也纷纷进驻浦东,金融中心的雏形初现,见证了多个"中国第一"的诞生:1992年,第一家外资保险公司——美国友邦保险公司开业;1995年,第一家外资银

图4-7 1980年代从浦西远眺浦东

图4-8　1995年中国人民银行上海分行入驻陆家嘴

行——日本富士银行上海分行开张；此后，第一家外资参股银行、第一家中外合资基金、第一家中外合资展览中心纷至沓来……陆家嘴成为浦东递向世界的一张闪亮名片。

　　当年，针对陆家嘴有一条名叫"烂泥渡路"的小径，中、意、日、法、英五国设计师，五种方案各执一端。上海联合工作组吸取其中先进理念和布局特点，反复听取专家意见，最终拿出充分体现国际理念的陆家嘴金融贸易区规划。

图4-9　20世纪末的陆家嘴

　　这是中国历史上第一次为一个地区规划进行国际咨询，诞生了第一个汇集国际智慧的规划方案。

　　曾经的"烂泥渡路"北段现已并入银城中路，南段则更名为浦明路。如今，浦东地图上再也找不到这个当年声名在外的路名，取而代之的是一条串起许多金融楼宇的银城中路。当东方明珠高高耸起，金茂大厦、上海环球金融中心、上海中心等著名地标先后落成，烂泥渡路连同这一片危棚简屋彻底消失，取而代之的是一个令世界刮目相看的陆家嘴金融中心。

在仅1.7平方千米的陆家嘴金融贸易区的核心区，高楼大厦林立，密布着众多跨国企业总部和央企、民企、金融机构总部，使得这里就像一个"总部大脑"聚集区，每天有无数个指令从这里源源不断发向全国，甚至整个亚洲。

图4-10　浦东陆家嘴由20世纪90年代的郊区发展成今日繁荣景象
（上图拍摄于2017年，下图拍摄于1990年）

图4-11　浦东世纪大道以东方明珠为起点,以巨大的日晷雕塑为终点

除了核心地带外,放眼31.78平方千米的整个陆家嘴金融贸易区,总部经济还在向腹地延伸,并逐渐凸显。

从陆家嘴中心区沿世纪大道一路向东到花木行政文化区,正逐渐形成一条"金融和总部的黄金走廊"。这条黄金走廊集中了陆家嘴大部分的金融机构和总部机构,成为陆家嘴金融贸易区内一条重要的经济动脉。

(三)日新月异:不断刷新的城市天际线

图4-12　东昌路消防瞭望塔,曾经是浦东最高的建筑物

伴随着浦东开发开放的大潮,上海的制高点被不断刷新。

曾经,24米高的东昌路消防瞭望塔是浦东的"第一高度"。

打破这一高度的是463米的东方明珠广播电视塔的建成,1995年,它正式投入使用，曾被誉为"新上海崛起的象征"。

1997年，420.5米的上海金茂大厦结构封顶。

2008年，492米的上海环球金融中心建成。

2016年，632米的上海中心大厦竣工。这座"垂直城市"可容纳2万—3万人，相当于一个欧洲中小城市的人口，其中餐饮、住宿、商店等生活服务设

图4-13 东方明珠电视塔于1991年7月动工建造，1994年10月建成

施一应俱全。位于大厦52层的朵云书院是目前国内最高的云端书店，也是集书店、展演、休闲于一体的空中文化综合体。位于37层的观复博物馆展示着收藏家马未都所藏历代文物与艺术珍品，使陆家嘴金融

图4-14 持续成长中的浦东陆家嘴金融贸易区（2008年4月拍摄）

城不仅仅有高度,更有广度、有深度、有温度,以文化提升了城市品质感。

这座"申城之巅"是第一栋由中国团队、中国技术、中国制造所主导建设的世界一流、中国第一的超高层建筑,推动了一大批中国制造和中国品牌的崛起,达到了全球一线水平。

图4-15 朵云书院旗舰店

2020年浦东新区地区生产总值达到12 734亿元,是1990年60.24亿元的211倍;人均GDP达到23.8万元,折合3.68万美元,进入中上等发达国家水平。浦东以全国1/8 000的土地面积创造了1/80的GDP、1/15的货物进出口总额,已然成为上海乃至中国经济增长的重要制高点之一。

图4-16 上海中心建成后再次刷新上海的城市天际线

(四)放眼未来:打造世界级核心商业地标

对于陆家嘴的发展而言,进入全球金融城"第一赛道"后,"十四五"

时期资源配置能力的提升就显得更为关键。

最新出台的《中共中央国务院关于支持浦东新区高水平改革开放打造社会主义现代化建设引领区的意见》明确提出，浦东要增强全球资源配置能力，服务构建新发展格局，而完善金融市场体系、产品体系、机构体系、基础设施体系是强化功能的基础。陆家嘴在"十四五"规划中为此提出了路线图：加快建设全球顶级资产管理中心、全国性融资租赁产业中心、国际保险和再保险中心，着力打造高能级持牌类机构集聚高地、上海金融科技中心核心区，引导金融更好地服务于重点产业和实体经济发展。

2021年首期全球金融中心指数排名出炉，上海蝉联全球第三，稳稳守住了"纽伦沪"顶级金融中心格局。

权衡（上海社会科学院党组书记）：浦东先天带着开放的基因、先行先试的使命。虽地处上海，但最初就定位为国家区域发展战略"龙头"和高地，承担着"开发浦东、振兴上海、服务全国、面向世界"的战略使命。

图4-17　浦东开发开放三十年浦江两岸璀璨相映

　　浦东开发开放三十年的实践是在我国实现第一个百年奋斗目标的历史进程中展开的, 今后三十年的发展正好契合我国实现第二个百年奋斗目标的历史进程。

 陈高宏 (上海交通大学中国城市治理研究院副院长): 回顾浦东开发开放三十年, 之所以不断迈向前进, 最根本的保证和最深刻的经验就是始终忠于党和国家发展大局, 始终敢于在党和国家面临风险挑战时勇担使命, 始终善于在科学把握国际国内大势中实现国家战略。

　　崭新的时代, 正值青春的浦东更向潮头立: 要打造成为我国超大城市的治理样板, 成为我国建设社会主义现代化强国的重要窗口, 成为我国深度融入全球经济格局的功能高地, 成为我国推动和引领经济全球化的开放旗帜。

图4-18　因改革开放而兴起的浦东

二、从保税区到自贸区：渐进创新与突破

在浦东，和陆家嘴一样，被开放"魔杖"一一点亮的，还有张江、金桥、外高桥三大保税区，临港新片区，世博园区以及国际旅游度假区……

浦东有过困惑。当政策红利、资源红利、劳动力红利渐渐释放，后劲何在？开放之风劲吹，暴露很多和国际通行规则不适应、不对接的短板，怎么办？

浦东新区的思路是，浦东先行先试，不是"闯红灯"，是要创设一套"新的信号灯系统"，更注重局部突破和首创精神。

当"发展起来的问题"日益尖锐时，中国再度走到改革攻坚时刻。继国家综合配套改革试点之后，中央又将自由贸易试验区的重担首先交给上海，交给浦东。浦东将坚持以制度创新为核心，以自由贸易试验区建设为突破口，全力深化改革攻坚。

（一）先行探索：保税区的建立

1990年4月18日，这一天，李鹏总理在上海大众汽车有限公司成立五周年大会上，宣布了中共中央、国务院关于开发开放上海浦东的重大决策：同意上海加快浦东地区开发，在浦东实行经济技术开发区和某些经济特区的政策。

陆家嘴、金桥、外高桥无疑是上海最先"吃螃蟹"的三块区域，拉开了上海金融区、保税区与自贸区发展的序幕。

陈子雷（上海对外经贸大学教授）：随着20世纪90年代初浦东新区的建立，上海有了更大政策的空间去发展，在落实国家政策的同时推动地方经济发展，以地方经济来反哺国家经济的发展。

图4-19　于1990年获批设立的金桥出口加工区

就在陆家嘴建设的同时，第一个出口加工区（金桥出口加工区）、第一个保税区（外高桥保税区）共同奠定了浦东外向型经济的底色。浦东引进外资，从一开始就目光挑剔，设置了"高门槛"。精心筛选进入的企业，科技含量足，拉动能力强，衍生出众多产业链。例如，罗氏制药，1994年在浦东建立上海公司，成为第一家落户张江的中外合资企业，率先建成了包括研发、生产、营销等环节在内的完整医药价值产业链，目前业务遍布全国。

金桥出口加工区开发公司、外高桥保税区开发公司、陆家嘴金融贸易区开发公司相继成立。浦东新区吸取了过去上海"摊大饼"式的城市发展教训，以城市的功能划分区域，把金融、贸易等放在黄浦江东边的陆家嘴地区，与昔日的金融街外滩一江之隔；把中国唯一以"出口加工"为主的开发区放在金桥，把港口吞吐、物流仓库放在黄浦江入海口的外高桥地区。

金桥出口加工区总面积20.48平方千米，区内已建成总量约100万平方米的工业厂房、研发办公楼，目前已有上千家企业入驻，其中包括华为、通用汽车、凯迪拉克、嘉实多等世界五百强企业及其大量的配套工厂。

外高桥保税区，这是改革开放后全国第一个保税区，也是改革的试验田。1990年9月11日，国家海关总署颁布《中华人民共和国海关对进出上海外高桥保税区货物、运输工具和个人携带物品的管理办法》，全国首个保税区成立。

图4-20 金桥开发片区、陆家嘴金融片区和张江高科技片区规划示意图

图4-21 外高桥保税区

陈子雷（上海对外经贸大学教授）：最早，外高桥保税区，朱镕基总理定下的英文名为 Free Trade Zone（FTZ），就是自由贸易园区，所以朱镕基总理当时的想法就是自由贸易园区的建设，以这个为最终政策目标，所以保税区当中货物进来和出去我们是不征关税的，可以存放，可以从海外运输进来，可以从园区当中运输出去，货物做到自由流动，而且不征关税。

那时，人们对保税区的概念还很陌生。所谓保税区，是指受海关监管的特殊区域，实行"境内关外"的运作方式。货物进入保税区可以享受"免证、免税、保税"的政策，可以开展进出口加工、国际贸易、保税仓储、商品展示等。这是当时中国对外开放程度最高、运作机制最便捷、政策最优惠的经济区域之一。

周汉民（上海市政协副主席、上海市社会主义学院院长）：中国一共设立了15个保税区，外高桥是最大的保税区，外高桥有10平方千米。在当时规划研究的时候，我们都认为这已经是最崇高的目标，就是开放度最大，我们称为保税区，仰望苍穹，已经了不得了。

图4-22　外高桥保税区当时获得了国家政策的大力支持

1. 沧海桑田——保税区工程建设

回想20世纪90年代初，外高桥所在的浦东东北片区还是大片水稻田，通往长江口的那片区域则被芦苇荡所覆盖。

1991年8月，外高桥保税区首期开发的4平方千米工程开工，保税区的隔离设施及卡口，成为上海海关为保税区规划设计的第一项基础性工程。当年浦东公交线路很少，当时的人们要骑自行车20多千米前往外高桥；当地没有食堂，他们只能从家里带些饭菜或干粮作为午饭，再到周边农民家去讨开水喝。

建设保税区隔离围墙，这在中国没有先例。隔离设施和卡口的设计要美观、经济，而且要管用。在翻阅了大量资料、借鉴国际通行规范后，终于设计出保税区建设标准，拟定出"验收外高桥保税区的必备条件"，提供给建设单位——上海市外高桥保税区开发公司。

图4-23 外高桥保税区围墙工程开工

首期0.453平方千米的隔离围墙总长度是3.35千米，围墙总高度是3米，围墙下部是50厘米的水泥砖墙，中部是215厘米高的金属网，水泥砖墙与金属网之间距离为5厘米，顶部是三道刺铁丝、间距各为10厘米，共30厘米；在纬三路西端与杨高路相交处设置海关卡口一个，卡口处建21平方米检查房一幢，卡口附近设置900平方米的货物查验场地。纬三路作为进出通道实现"人车分流"，人行通道和车辆通道宽度分别为4米和12米。

1992年3月7—9日，由时任国家海关总署副署长刘文杰同志带队的验收小组，对外高桥保税区首期隔离设施进行了验收。在验收评审会上，验收小组提出："隔离围墙高度为什么缩短了几厘米？"后来才知道，由于工程是建在水稻田上，提前完工后又放置了一段时间，所以下

图4-24　上海外高桥保税区首期封关营运

沉了一截。建设单位闻讯后立即整改。3月9日,外高桥保税区首期0.453万平方米通过验收,正式封关运行。

有了首期验收的经验之后,后面的几次封关就顺利多了。到1993年3月,由外高桥联合发展公司建设的新一轮总长9.36千米的隔离设施也已基本完成,封关后总面积约2平方千米。

到1994年底,保税区新建3.5平方千米区域经海关总署验收合格,使外高桥保税区封关运营面积达到5.5平方千米。这时的外高桥保税区,已经由雏形趋向成熟,一大批现代化的生产厂房、商贸大楼、仓储库房拔地而起,成为全国开发建设速度最快的保税区。

王战(原上海市人民政府发展研究中心党组书记、主任):我们从20世纪80年代开始利用外资,但是外资进来,它实际上是把利润做在外面的,我们简单讲叫高进低出,它进来的零部件在外面定了高价进的,然后在国内加工以后把成品价格压得很低。出口,就是它的利润实际是赚在外面的,而在国内的外资企业在20世纪80年代几乎全部是亏损的。

当时我们讨论，为什么要搞保税区、自由贸易区？就是说我们希望在外高桥今后有很多国外的零部件，它能够在这儿进行保税展示，展示了以后我们就知道它的真实价值，而不让外方完全控制它的供销。

2. 蓬门始开——伊藤忠商社入驻

外高桥保税区成立之初，虽然打开了开放的大门，但当时的法规条例对贸易公司的设立依旧有着诸多限制，外贸公司的审批权都归口在外经贸部，上海市政府没有审批权限。直至1992年，上海伊藤忠商事有限公司落户外高桥保税区，成为外资破冰中国的亲历者、浦东开发开放的见证者。

晁钢令（上海财经大学教授）：在贸易方面我们管得很严，我们允许外资投资国内最早是制造业和生产企业，因为我们可以通过他们的投资，通过他们的技术进入，当时有一句话叫以市场换技术，所以当时我们的开放第一步首先是对生产领域的开放，但是对贸易领域始终是不开放的，而且管得很严，所以当时甚至连合资的商业企业都不允许成立。

伊藤忠商事株式会社起源于1858年，早在1972年，就被国务院认定为中日友好商社，是日本五大商社中首家获准重开中日贸易的。

东方风来满眼春。在当时所有的法规条例都限制外资贸易公司设立的情况下，上海伊藤忠在浦东的突破，打开了一片新天地。1992年，中央把注册资金50万美元以下的贸易审批权下放给上海，浦东成为外商投资的乐土。

伊藤忠在华业务可以说是伴随中国改革开放、宏观经济发展而逐步壮大起来的。20世纪90年代，主要是引进大型的设备，出售给中国企业。2000年之后，中国的购买力提升、消费升级，伊藤忠又将高端、安全的原料和食品引入中国市场。2010年后，他们开始做产业投资，与优秀的成长性企业一起联营，然后开拓新市场。

图4-25　关于在上海浦东外高桥保税区设立伊藤忠(上海)有限公司项目建议书的批复

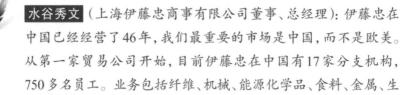

陈子雷（上海对外经贸大学教授）：伊藤忠模式彻底改变了中国传统的贸易体制，对传统的贸易体制形成了冲击，因为只有政策的瓶颈打开了，很多招商引资是水到渠成的事情。因为上海的地理位置、上海在全国经济发展中的地位以及上海和全球经济的关系，所以这些企业都到了中国来，它们的进驻体现了保税区建设最初的宗旨，目的是推动贸易的自由化。

水谷秀文（上海伊藤忠商事有限公司董事、总经理）：伊藤忠在中国已经经营了46年，我们最重要的市场是中国，而不是欧美。从第一家贸易公司开始，目前伊藤忠在中国有17家分支机构，750多名员工。业务包括纤维、机械、能源化学品、食料、金属、生活资材等六大方面。除了贸易外，我们也参与金融业，如银行、投资。随着中国改革开放进一步扩大市场，我相信伊藤忠在中国的业务也会越做越广。

改革就是制度的不断改善。中央把贸易审批权下放给了地方政府，这一举措，让真正的贸易开放在1992年正式拉开了大幕。但外高桥保税区改革的雄心，还远远不止于此。

保税展示交易一直是保税区的一项重要功能。20世纪90年代，对外资在贸易领域还是有限开放，只能做外贸，不能直接从事国内贸易，外高桥保税区成为了与中国市场隔绝的孤岛。了解到区内企业做内贸的强烈愿望，外高桥保税区搭建了国际贸易和国内贸易平台，成立了保税商品交易市场，并针对进出口商品最为集中的领域，搭建了酒类、化妆品、医药、高端机床等不同的专业贸易平台。

上海浦东保税区因其优越的区位、灵活的政策、广阔的市场，成为外资企业进驻中国的首选之地。截至2020年末，浦东累计吸引实到外资超过千亿美元，落户浦东新区的外资企业已达3.63万家，其中外资研发中心245家，跨国公司地区总部359家。从多年前伊藤忠首航试水，到而今已是百舸争流，千帆竞逐。

（二）递进式开放：综合保税区

保税区内丰富的外来商品和"离境退税"的优惠价格让人们很难不被吸引，"不是出国，胜似出国"。但后来随着中国加入WTO以后关税降低，保税区原有的优势又被渐渐削弱。

相较之下，综合保税区可设立在内陆地区，实行进口货物入区退税、区内保税存储货物不设存储期限等政策，是具有保税港功能的海关特殊监管区域，可以为企业节约大量时间和运营成本。

马灵媛〔玛莎拉蒂（中国）汽车贸易有限公司商务及销售运营总监〕：通过保税仓储业务，可以有了订单再去缴纳相关税费，资金流转得更快，有利于企业规模化运作能力的提升。

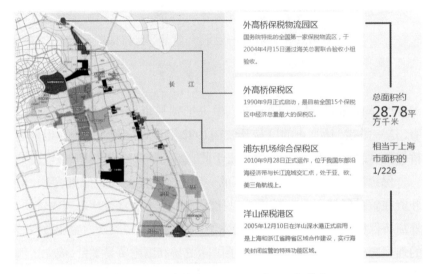

外高桥保税物流园区
国务院特批的全国第一家保税物流区，于2004年4月15日通过海关总署联合验收小组验收。

外高桥保税区
1990年9月正式启动，是目前全国15个保税区中经济总量最大的保税区。

浦东机场综合保税区
2010年9月28日正式运作，位于我国东部沿海经济带与长江流域交汇点，处于亚、欧、美三角航线上。

洋山保税港区
2005年12月10日在洋山深水港正式启用，是上海和浙江省跨省区域合作建设，实行海关封闭监管的特殊功能区域。

总面积约
28.78平方千米

相当于上海市面积的1/226

图4-26　上海综合保税区"三港三区"联动

2009年11月18日，上海综合保税区正式揭牌成立，标志着洋山港区、外高桥港区、浦东机场空港，以及洋山保税港区、外高桥保税区、浦东机场综合保税区"三港三区"联动工作开始启动。从单兵作战到集团突进，整合后的各个综合保税区定位更加明确，各自优势得以充分发挥。

从本质上讲，综合保税区是我国目前除自由贸易试验区之外开放层次最高、优惠政策最多、功能最齐全、手续最简化的特殊开放区域。

1. 上海各大保税区的功能定位

（1）洋山保税港区重点建设国际航运发展综合试验区，大力发展国际中转、现代物流、商品展示、保税仓储、期货保税交割等多层次业务。国际采购商可以在洋山保税港区对货物实行统一调拨管理，有效实现物流链和贸易链的整合；同时，企业可利用洋山保税港区"入区退税"的政策优势和欧美航线集聚的特点，方便开展集装箱出口集拼业务；开设离岸账户，为其境外业务提供资金融通便利。利用洋山保税港区的净价环境，将处于保税状态下的货物纳入交割系统，使区内企业能够同时兼顾国内和国际两个市场。

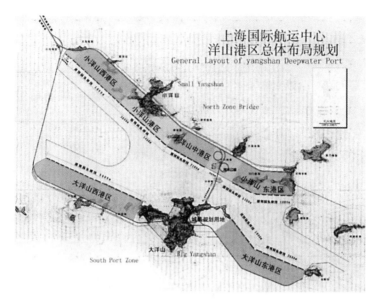

图4-27　上海国际航运中心洋山港区总体布局规划

（2）外高桥保税区（含外高桥保税物流园区）重点建设国际贸易示范区，大力发展进出口贸易、转口贸易、保税展示、仓储分拨等服务贸易功能。

一方面，对区内保税货物、入区保税延展货物在存储、加工和销售环节实现海关的统一监管，运用"保税—滞后纳税"的分拨运作模式，将区内商品销售到国内和国际市场，建立商品快速进入市场的高效流通渠道。

另一方面，开展跨国企业资金收付汇集中管理试点，探索组合型转口贸易模式下的外汇收付、结算，深化离岸贸易运作模式，集聚跨国公司资金结算

图4-28　外高桥保税区海关对外高桥港保税区的意大利进口汽车开展现场监管

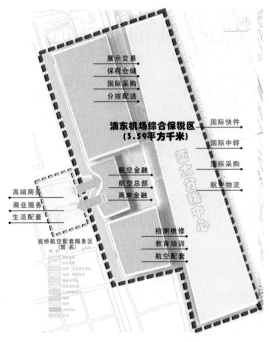

图4-29　浦东机场综合保税区平面图

中心,提升贸易能级。

(3)浦东机场综合保税区主要依托浦东国际机场航空枢纽港的地位,开展以航空快件速递、分拨、第三方物流、空运保税仓储等为主的航空口岸物流功能及检测、维修等为主的物流增值服务。此外,还成立了飞机租赁单机项目公司(SPV)等金融租赁公司,向境内外航空公司提供飞机、发动机等租赁业务。

2. 上海综合保税区的政策优势

上海综合保税区集聚了保税区、保税港区、综合保税区、保税物流园区和出口加工区五种类型海关特殊监管区域的政策优势,在海关监管、外汇管理、检验检疫等进出口管理上基本达到了当时国内最为齐全、最为便捷和最为开放的程度,且保税货物在区内存储无期限限制。其政策优势主要包括免税缓税、出口退税、保税加工、高效报关和商检,以及灵活便利的外汇政策等。

上海综合保税区秉承先行先试、突破创新精神,不断进行制度创新、引导产业转型升级,成为上海对外开放新引领,助力上海经济高质量发展。

2019年以来,上海获得国家批准、已完成验收的漕河泾、奉贤、松江、青浦和金桥5个综合保税区,均由出口加工区转型升级而成,正在成为上海开放型经济新高地。在漕河泾综合保税区,海关成功办理全国综合保税区首辆保税存储汽车内销业务,为特种车辆的入境存储、出区认证检验和完税内销开辟了全新通道。青浦综合保税区引入的一家企业通过承接国际业务，年均完成芯片加工40余万片，丰富了上海集成电路产业集群；松江综合保税区引入的一家新能源汽车公司，预计一期工程投产后可年产整车10万辆，新增就业岗位2 000多个。2019年初，国务院印发《关于促进综合保税区高水平开放高质量发展的若干意见》中的21项支持政策，均已在上海落地实施。

（三）种好"试验田"：中国（上海）自由贸易试验区

2013年9月29日中国（上海）自由贸易试验区宣布成立，很多人并未意识到，这个位于浦东、面积仅28.78平方千米的地方，布下了中国新一轮全面深化改革的一着先手棋：以开放倒逼改革、以制度创新倒逼深化改革的重要试验田，平静开犁。浦东再次脱胎换骨，"制度创新"成为最鲜明的烙印。

美国某财经网站一语道破："与邓小平当初建立经济特区类似，上海自贸区的实验不仅会是一次政策改革信号，还将承担为接下来的改革提供方向。"

中国（上海）自由贸易试验区挂牌成立之初，只包含外高桥保税区、外高桥保税物流园区、浦东机场综合保税区和洋山保税港区四个海关特殊监管区域。仅过了一年多，自

图4-30　中国（上海）自由贸易试验区于2013年正式挂牌成立

图4-31　自贸区是国家的"试验田"

贸区又增加了金桥出口加工区、张江高科技园区和陆家嘴金融贸易区，面积从最初的28.78平方千米拓展到120.72平方千米。

　孙元欣（上海财经大学教授）：国家要开展制度性创新，我们把它称之为制度性改革，怎么扩大对外资的开放，贸易便利化，政府转变职能，金融开放创新，有很多事情。这些改革如果在全国推广的话可能有风险，所以先找一个地方做一个实验，实验了以后，如果成功的话再全国推广，所以把它称为国家的试验区，主要要试的是里面有很多制度创新，就选择在以外高桥保税区为主体的上海综合保税区来展开，因为这里面的主要业务是进出口贸易，所以取的名字是自由贸易试验区，起了这样一个名字。

从建立以来，上海自由贸易试验区坚持先行先试、制度创新，营造法治化、国际化的营商环境。以全市1/50的土地，创造了全市1/4的生产总值、1/4的税收收入，累计有120多项制度创新成果在全国复制推广。

上海自贸区的建立，不仅带动了第二产业的迅速发展，也带动了第三产业的长足发展，特别是自贸区建立后有许多优惠的政策落实，刺激上海及周边地区的钢铁、汽车、金融、物流、商业、贸易、文化和社会服务各领域的相关行业，使之迎来新的机遇和资源。在上海自贸区范围内，货币自由化、商业贸易、仓储物流、机械加工制造、公司运行等都需要各类服务行业的支持，加之自贸区依托中国最繁华、最富裕的城市，靠近港口和国际机场，便利的交通、丰富的资源、优惠的政策都将是上海服务行业突飞猛进的机遇。

如果把中国经济比作大海，自贸区就是一条大鱼。上海自贸区成立至今，8年弹指一挥间，广东、天津、福建、辽宁、浙江、河南、湖北、重庆、四川、陕西、海南自贸区相继设立，我国自贸区数量已达21个，形成了覆盖东西南北的试点格局。

（四）新局势下的使命：临港新片区

随着经济全球化和数字贸易不断发展，"一带一路"战略的国际合作走向深入、中美经贸摩擦加剧,国内外市场环境更加复杂多变,需要我国采取更加开放的举措。在这一背景下,中央决定在原来自贸试验区的基础上,设立上海自贸试验区临港新片区,并赋予新片区更高的历史使命,即在贸易安全和风险控制的前提下进一步推动货物、服务、投资、金融和数据的自由化和便利化。

2019年8月,国务院印发《中国(上海)自由贸易试验区临港新片区整体方案》,并同时发布了《国务院关于同意设立中国(上海)自由贸易试验区临港新片区的批复》,确定上海自贸区临港新片区先行启动面积为119.5平方千米,包括三个区域(临港地区南部区域76.5平方千米、小洋山岛区域18.3平方千米和浦东机场南侧区域24.7平方千米)。

该方案明确提出,要"在适用自由贸易试验区各项开放创新措施的基础上,支持新片区以投资自由、贸易自由、资金自由、运输自由、人员从业自由等为重点,推进投资贸易自由化便利化"。临港新片区更加突出各经济

图4-32 中国(上海)自由贸易试验区临港新片区范围

要素的自由流动,不仅需要通过政府监管模式创新提升便利化水平,还要实现更高水平的开放度。

2019年的8月20日,上海自贸区临港新片区在滴水湖畔正式揭牌,这是自2013年9月自贸区成立以来的第二次扩区。当天就有首批13家企业获颁最新的营业执照,涉及集成电路、生物医药、人工智能等领域,投资额达到300多亿元。

历经15年的开发建设,临港地区已形成先进制造业产业基地,集中了国内外高技术含量的领军企业。此外,临港地区运输条件优越,能依托洋山深水港和浦东机场的国际货运枢纽功能,对产业和贸易功能发展起到重要支撑作用。

图4-33　中国（上海）自由贸易试验区临港新片区

上海自贸区临港新片区的推出，绝不是简单的空间扩大，也不是简单的政策平移，而是要形成对外开放的新体制、新功能、新产业、新经济，打造全球经济网络的新枢纽。前沿科技产业、跨境金融、国际贸易、高能级航运服务业，是临港新片区"建设具有国际市场竞争力的开放型产业体系"的四大组成部分，其目的就是要着力打造世界级前沿产业集群，加快形成新动能，增强国际竞争新优势。

得益于新片区"6+2"的开放政策和制度，以及上海出台的"50条"配套支持政策，临港新片区对企业具有不小的吸引力。"6"是指投资经营便利、货物自由进出、资金流动便利、运输高度开放、人员自由执业、信息快捷联通，"2"是指具有国际竞争力的税收制度和全面风险管理制度。这一系列激励政策保障了临港新片区能够具有其他区域无可比

图4-34　特斯拉上海超级工厂

拟的优势。

2021年8月12日，上海市政府发布《中国（上海）自由贸易试验区临港新片区发展"十四五"规划》，明确了新片区的发展目标：到2025年，地区生产总值在2018年基础上翻两番，年均增速达到25%。培育形成智能新能源汽车、集成电路、高端装备制造三个千亿级产业集群，做大做强生物医药、人工智能、民用航空等先进制造业产业集群。大力发展跨境金融服务、新型国际贸易、现代航运服务、数字信息服务、科技创新服务等产业，形成一批具有影响力的功能型平台。

习近平总书记曾高度赞扬上海自贸试验区："不负重托和厚望，密切配合、攻坚克难，紧抓制度创新这个核心，主动服务国家战略，工作取得多方面重大进展，一批重要成果复制推广到全国，总体上实现了初衷……"

从保税区、综合保税区到自由贸易试验区，是国家所布下的新一轮改革的先手棋，也是以开放倒逼改革、以制度创新倒逼全面深化改革的重要试验田。负面清单管理模式、商事登记制度改革等一批先行先试经验走向全国，上海自贸试验区作为我国自贸试验区"雁阵"的"头雁"，将继续努力成为国内大循环的中心节点和国内国际双循环的战略链接，在长三角一体化发展中，更好地发挥龙头辐射作用。

三、全球贸易的新名片：国产客机C919

制造与贸易，是一国经济的"双生花"。改革开放四十多年来，小到牙刷、电池，大到汽车、轮船、大飞机……中国制造业坚持开拓、苦练内功，在与世界贸易伙伴携手共进中，逐渐融入全球贸易体系，从制造大国一步步迈向制造强国。国产大型客机C919诞生于上海，亦将成为中国高端制造的"新名片"。

（一）从无到有：梦想"飞"进现实

民用航空制造业的发展水平是国家实力的象征，也是推动经济与科技进步的重要力量。作为目前世界上最复杂、技术含量最高的产品，大型客机代表着一国工业集成水平和发展成就。回顾历史，中国的大飞机研制之路走过了一段艰难、坎坷的历程。

1903年，美国莱特兄弟开创了人类航空新纪元。很少有人知道，在20世纪初世界航空业起步阶段，中国曾是唯一能与西方相提并论的亚洲国家。1909年，"中国现代航空之父"

图4-35 "中国现代航空之父"冯如设计制造了首架国产飞机

冯如制造出中国首架国产飞机，比俄、德都早。1913年，北京南苑航空学校工厂厂长、飞行家潘世忠设计制造出了一架双翼双座军用飞机，从动力到机体全部自主研发。

图4-36　生于上海青浦的飞行家潘世忠和他自主设计制造的一号飞机

彼时，世界上能独立设计并制造飞机的国家仍然屈指可数。中国航空工业起跑甚早，当时许多仁人志士把航空报国当作赶超列强、民族复兴的一个弯道。但是在军阀割据混战的情况下，大家各自发展、缺少统一共识，更谈不上长期规划。黄粱一梦，到抗战爆发前夕，中国航空工业的先发优势已经丧失殆尽。

1949年开国大典，新成立的中国人民解放军空军编队共17架飞机掠过天安门广场上空，那些飞机都是从国民党手里接收过来的。后来，在苏联援助下，我国开始尝试照搬苏联的飞机设计标准、规则、机型、制造工艺等，但之后迫于国际形势的压力，只能全力以赴先搞两弹一星，飞机研制计划暂时推迟。到了20世纪60年代末，随着国际民航业的快速发展，喷气式客机取代螺旋桨客机的时代已然来临。

吴兴世（国家大型飞机重大专项专家委员会委员、中国商飞公司科技委委员）：新中国曾经在1970年、1986年、1993年和2007年先后四次做出发展我国大型民用飞机和大型民用飞机产业的重大决定，最开始是在1970年。

1970年8月，经过周恩来总理的批准，国家同意上海市试制生产运输机的报告，研制我国首架大型民用飞机的"708工程"项目正式启动，由上海飞机制造厂负责飞机的制造，该机代号为"运十"。

杨作利（原上海飞机设计研究所副所长）：我们第一批来这个地

方有100多人,没有办公室,也没有睡觉的地方,就在大食堂里办公,甚至在小飞机的机舱里面设计飞机。地下室、仓库里都能睡觉。我们当时说,只要能放下一张办公桌,我们就办公,只要能放下一张床,我们就睡觉。

上海飞机制造厂(现在是中国商飞旗下总装制造中心)共进行了12次"大会战",使飞机研制进度一再提前,年人均劳动生产率连翻几番,全厂义务加班2 200多万工时,相当于1万名定额工人1年多的工作量。

上海造飞机,全国来支援。据统计,当时全国各地300多家工厂、科研院所、大专院校参加了"运十"飞机的研制,其规模之大、范围之广、要求之高,为新中国历史所罕见。

程不时("运十"飞机副总设计师):中国人的智慧与勤劳充分体现在这个飞机的建造期间。这么苦的情况下,居然把个大飞机就干成了。对我们民族来讲,是一种能力,我们中国能干这个事。

图4-37　当年停放在大场基地的"运十"原型机,现已移至浦东基地

经过筚路蓝缕的十年，1980年9月26日，"运十"飞机在上海大场机场成功首飞。然而，当时国内航空工业落后的体制机制，以及照搬军机的研制模式，都阻碍了它走向市场。至今，在中国商用飞机有限责任公司（以下称"中国商飞"）浦东基地的草坪上，仍停放着一架"运十"原型机。掉漆的内饰、老旧的座椅，这架历尽艰辛而建造的大型喷气式客机，是中国民用飞机发展的起步，也是一段历史时期"飞机梦"的终曲。

 吴跃（中国商飞公司科技委主任、C919大型客机项目总经理）：民用航空是一个国家工业整体能力的体现，难度大、价值高。工业体系不完整、水平不高是发展不起来的。

20世纪80年代末和90年代，我国又进行了几次国际合作发展民用飞机。虽然由于种种原因，这些尝试均未能持续推进，但我国航空工业经过大量引进合作、转包生产，已逐步形成了相对健全的产业链，并按照《民用航空工业中长期发展规划》要求稳步发展。到20世纪末，我国已成为全球航空制造的一支重要力量。

图4-38　20世纪80年代末，上海航空工业公司与美国麦道公司合作生产组装中短程飞机MD-82（1996年麦道公司被波音公司合并后，该合作项目中止）

随着我国经济快速增长和民航业不断发展,航空运输产业展现出巨大的市场空间,研制具有自主知识产权的商用飞机再次被提上日程。新世纪以来,国家确定了民用航空"三步走"(支线客机、干线客机、宽体客机)的发展路径。

支线飞机通常指100座以下的小型旅客机,主要用于短距离、支线飞行,但支线飞机所执行的安全标准与波音、空客大飞机基本一致。国际上支线飞机的主要制造商是庞巴迪公司和巴西航空公司,俄罗斯"超级喷气100"客机也较著名。

2002年,国务院批准ARJ21-700飞机项目立项。经过十余年的努力,ARJ21新支线客机于2014年底取得了中国民航局型号合格证,第一次把自主设计制造、适航取证、交付运营的流程走了一遍,也为C919干线客机的研制夯实了基础。

ARJ21是我国第一款自主研制、具有完全自主知识产权的新型涡扇支线飞机,载客量78—90座,标准航程型满航程2 225千米,主要用于满足从中心城市向周边中小城市辐射型航线的要求。大力发展支线航空,也是连接分散的人口资源、促进中西部偏远地区经济发展的最高效和最经济的交通方式。

图4-39　我国自主研制的首款支线客机ARJ21-700于2016年正式投入航线运营

ARJ21迄今累计订单超过460架，交付近60架，执飞107条航线，运力占到整个国内市场的1%，安全飞行逾10万小时，实现了国内航线上国产客机零的突破，更实现了我国航空工业喷气运输类民用飞机集成创新能力的大幅度提升。国产干线大飞机之梦，已然呼之欲出。

然而，若将时钟拨回世纪之初、圆梦十年之伊始，做出这一决策仍殊为不易。众所周知，干线大飞机制造技术难度高、资金需求大、风险系数高，研发周期长（一般为8年左右），目前只有美国、加拿大和欧洲极少数国家能够独立承担大型飞机的研发和生产，全球行业已经形成波音和空客的双寡头局面。

是否入局？如何开局？能否破局？

2001年4月，以"两弹一星元勋"、两院院士王大珩为代表的20多位院士向中央建言，希望国家重启大型飞机的研制。2003年春，王大珩再次上书时任国务院总理温家宝，恳切陈词，提出"中国要有自己的大飞机"。

吴兴世（国家大型飞机重大专项专家委员会委员、中国商飞公司科技委委员）：未来青年应传承已故的王大珩院士给我们留的八个字的遗训——传承辟新，寻优勇进。

图4-40　"两弹一星"元勋、应用光学专家王大珩院士

2003年6月，国家正式启动"中长期科技发展规划纲要"的编制工作。同年11月陆续成立了由国务院批准的国家重大专项论证组，对"大飞机专项"进行了审慎论证。2007年2月，国务院第170次常务会议批准大型飞机研制重大科技专项正式立项，同意组建大型客机股份公司。

2008年5月11日，中国商用飞机有限责任公司成立，总部依然设在"运十"的老家——上海。当年11月，C919项目正式启动。大飞机名字中的C既代表COMAC（商飞的英文简称），也代表中国（China），还寓意未来将要和空客（Airbus）、波音（Boeing）形成三足鼎立的市场格局。C919级别的单通道飞机（相当于波音737或空客A320）是未来的主力机型。根据中国商飞预测，未来20年，市场约需要2.6万架单通道客机，仅在中国就有近万亿美元的空间。

更重要的是，大飞机研发的产业链长、辐射面宽、带动作用强，例如，航电系统、机载维护系统、显示系统，以及下面更细分的系统，上下游产业链不断成长，带动周边产业壮大，流体力学、固体力学、计算数学等基础学科也会随之发展。

（二）从弱到强：构建完备的产业体系

2017年5月5日，这一天注定将会被载入中国民航业的史册。下午3点19分，经过79分钟飞行之后，中国第一架国产大型喷气式客机C919在现场上千名观众的掌声和欢呼声中平稳降落在上海浦东机场，顺利完成它的首次飞行。

这架飞机是由中国商用飞机有限责任公司（以下简称商飞）设计研发，2016年11月正式下线。724根线缆、2 328根导管、总长近80千米的管线、零部件总数达250万个，C919完全由我国自主设计，克服了系统集成的难题，国产化率目标从项目启动之初的10%增长到近60%。这一幕场景仍然令国人记忆犹新。尽管首飞时间一再推迟，但是它的顺利起飞、平稳降落意味着中国民用航空工业完成了里程碑式的一跃。

C919的市场定位是150座级的窄体客机，航程超过4 000千米，

图4-41 国产大飞机C919在浦东机场试飞成功

可以满足中国任意两个城市之间的直线飞行。从航程、座位数量以及发动机的性能参数来看,C919对标的是波音的787MAX8和空客的A320NEO,后两者分别是波音和空客最畅销的机型之一,同时也是整个国际民航业的主流机型。

对比空客、波音的竞争机型,C919减少了5%的空气阻力。机翼、机身、尾翼、发动机、起落架等部件的布局,航程、座级的参数,以及发动机量级、电源功率……C919联合概念设计最关键的部分完全由我国自主设计。

 吴光辉 (中国工程院院士、C919大飞机总设计师): C919就是引领未来装备制造业的发展,对整个产业的带动起到非常举足轻重的作用,是我们国家提高装备制造能力、提高科学技术水平的一个牵引性的项目。

C919采用了国际上主流的"主制造商+供应商"的研制模式,以中国商飞为主制造商,中航工业、中电科集团等下属国内企业和赛峰、霍尼韦尔、联合技术公司等国外企业作为供应商。

吴跃（中国商飞公司科技委主任、C919大型客机项目总经理）：
从航空系统的发展来看，国内从飞机级、系统级再到设备级的产业链集成，C919的系统集成是最强、最成体系、最完整的。作为飞机制造商，我们做飞机级集成，供应商做系统级集成，大家都是按照系统工程的理念和方法建立起体系。产业链的带动和形成是两个概念，不能说成熟，但我们的框架模型已经形成。

图4-42　中国商飞上海飞机制造有限公司C919总装生产线装配现场

图4-43　中国商飞上海飞机制造有限公司两名工人在C919总装生产线进行装配

十年来，我国民机产业体系基本建成：商飞是民机主制造商，聚合了以中航工业、GE为代表的全球15个国家和地区的200家一级供应商，促成国外系统供应商与中航工业、中电科等国内企业组建了16家合资企业，国内民机机体结构、机载系统、材料和标准件配套能力都得到提升。C919项目中，全国22个省市、200多家企业、20万人参与研制。从这个意义上讲，C919的缔造者算得上国内大飞机制造的"黄埔一期"。

（三）合作共赢：全球产业链的硕果

开放合作是大飞机事业不可或缺的重要条件。C919项目立项之初，李克强总理就给国产大飞机定下一个基本原则："自主设计、系统集成、全球采购、逐步国产。"关起门来一切从头开始摸索，没有必要，也不可能真正成功。

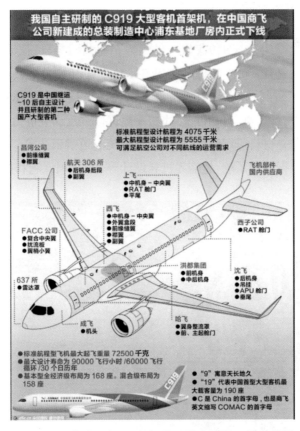

图4-44　国产大飞机C919促进了国内民用飞机产业技术创新体系的形成

我们的自主创新,完全可以在对外开放的条件下进行,集成国内外先进技术和成熟产品,让全球科技资源为我所用。C919项目办公室主任袁文峰表示,C919一直坚持"自主研制、国际合作、国际标准"技术路线,攻克了包括飞机发动机一体化设计、电传飞控系统控制律等在内的100多项核心技术、关键技术。

吴跃(中国商飞公司科技委主任、C919大型客机项目总经理):民机产业全球化,创新要素在全球范围内自由流动,为利用全球智力资源、开展全球协作提供了有利条件。C919的首飞成功是全球产业链合作共赢的结果。我们制定标准,把最适合的资源集成到自己的平台,为客户提供满意的产品。

通过全球招标,C919集聚中外优势企业共同参与,拉动整个体系能力的不断提升。C919的研制过程中,22个省市、200多家企业、近20万人参与了研制和生产,有力推动了国内民机技术创新体系的形成。项目进行中,各研制单位开展了飞机平尾部段强度研究静力试验、复合材料结构修补材料应用研究、机轮刹车系统跑道辨识技术、飞机电源系统测试及数据处理系统、超临界机翼设计等700多项课题和技术攻关。

图4-45   C919国产大飞机首台发动机 LEAP-1C 交付

不可否认，大飞机关键核心部件的国产化之路步履维艰。大飞机的"心脏"——发动机的制造乃至量产还很难在短期实现。首飞中，C919搭载的发动机LEAP-X是由CFM国际公司研制的。全世界能做飞机的企业有20多家，能做航空发动机的却只有3—5家。自2010年我国将航空发动机列入国家科技重大专项项目，在航空发动机领域每年投入近百亿元，为的就是有朝一日得以撷取这颗"现代工业皇冠上的明珠"。

C919国产大飞机要真正具备全产业链的自主技术供给与全球资源配置与运营能力，既需要在发动机和航电系统等关键零部件领域的技术突破与成熟化应用，还需要设法取得国际适航认证。目前全球标准最高、最权威的适航证有两种，一种是由美国航空管理局FAA颁布，另一种则由欧洲航空安全局EASA颁布。大型客机必须至少拿到其中一种适航证才会被允许进入西方国家的航空公司使用。这是C919打开国际市场最后一道、也是需要努力跨越的门槛。C919的终极目标就是尽快打入国际市场，享有民用航空运输高速发展带来的红利，当然也直面与波音、空客同类型产品的残酷竞争。

（四）光影重叠：中国制造飞得更远

沿着迎宾高速公路驾车经过浦东机场2号航站楼，再驶过出租车蓄车场，从两港大道拐入上飞路919号，一排排气势恢宏的厂房映入眼帘。这里，就是中国商用飞机有限责任公司（中国商飞）总装制造中心浦东基地。第一架国产大型客机C919在这里总装下线，又从这里拖至浦东机场第四跑道首次飞上蓝天。

在商飞浦东基地广场上，离"运十"飞机不远的地方竖立着一座银色流线型雕塑，基座刻着"永不放弃"四个字，致敬"运十"飞机的参研人员和40多年来从青丝拼搏到皓首的民用航空人。"永不放弃"也是大飞机精神的内涵，雕塑造型像一个熊熊燃烧的火炬，仿佛在诉说中国人追求航天梦、中国人要制造大飞机的信心永远不会熄灭，攻克技术与管理难题永远不会停止，让国产大飞机飞出国门、翱翔于世界的目标永远不会改变。

图4-46   中国商飞公司董事长贺东风在浦东基地为"永不放弃"雕塑揭幕

　党铁红（中国商飞公司市场部副部长）：很早以前有个说法，八亿件衬衫才换一架飞机，每年我们国家都要花大量的外汇去购买飞机，未来如果我们把握住这个民机市场，无论对国内还是对国际贸易来讲，我们（C919）都会是一个重要的手段。

六年来，6架C919试飞飞机从这里总装下线，总装移动生产、中央翼、中机身、水平尾翼、全机对接等五条国际先进生产线建成；以工位制为基础的"节拍化精益生产"模式推动着生产效率和精细化管理水平的提升；智慧数控车间"黑灯产线"逐步投入使用，加速提高飞机制造的智能化水平。根据规划，未来浦东新区"一谷一园"将作为大飞机产业集群的主战场，建设大飞机国家战略核心承载区。

四、打造国际航运中心：洋山深水港建设

（一）全球列第三：上海进入国际航运中心领先阵营

2021年7月11日，《2021新华·波罗的海国际航运中心发展指数报告》发布，上海首次跻身国际航运中心前三，仅次于新加坡和伦敦。该报告由中国经济信息社联合波罗的海交易所发布，从港口条件、航运服务和综合环境三个维度衡量国际航运中心城市的发展水平。

"到2020年，上海要基本建成航运资源高度集聚、航运服务功能健全、航运市场环境优良、现代物流服务高效、具有全球航运资源配置能力的国际航运中心。"这是国务院在2009年提出的目标。2021年，上海打破了持续六年的新加坡、伦敦、中国香港三强局面，成为了世界上最发达的航运中心之一。榜单名次的变化，见证了上海国际航运业的崛起。

随之而来的是更激烈的竞争。在"2020中国航海日论坛"上，上海市副市长汤志平表示，将推进新一轮国际航运中心建设，"吸引和培育更多国际性、国家级航运组织和功能性机构在沪开展业务，积极参与国际海事技术规则制定，提升上海参与国际航运事务、服务全球的能力"。

他指出，上海需要积极发挥龙头带动作用，促进形成分工合理、相互协作、各扬所长的长三角世界级港口群，推动长三角地区成为国际物流网络的重要节点。

从十六铺老码头，到洋山深水港，上海如何成为国际航运中心排名

前三? 在未来的中国对外贸易发展格局中,上海又将怎样发挥国际航运中心的作用?

表4-1　新华·波罗的海国际航运中心发展指数排名TOP10

排名	2020年	2019年	2018年	2017年	2016年	2015年	2014年
1	新加坡	新加坡	新加坡	新加坡	新加坡	新加坡	新加坡
2	伦敦	香港	香港	香港	伦敦	伦敦	伦敦
3	上海	伦敦	伦敦	香港	香港	香港	香港
4	香港	上海	上海	汉堡	汉堡	鹿特丹	鹿特丹
5	迪拜	迪拜	迪拜	上海	鹿特丹	汉堡	汉堡
6	鹿特丹	鹿特丹	鹿特丹	迪拜	上海	上海	迪拜
7	汉堡	汉堡	汉堡	纽约-新泽西	纽约-新泽西	迪拜	上海
8	雅典	纽约-新泽西	纽约-新泽西	鹿特丹	迪拜	纽约-新泽西	东京
9	纽约-新泽西	休斯顿	东京	东京	东京	釜山	纽约-新泽西
10	东京	雅典	釜山	雅典	雅典	雅典	釜山

(二)洋山深水港:打造现代化港口建设全球新典范

改革开放后,上海的黄浦江已经无法承载新一代的集装箱巨轮,航运的重任必须交给大海。浦东开发开放之初,为了缓解国际货运的燃眉之急,上海市政府决定开展长江口航道治理工程,并在外高桥建设集装箱码头。

王战(原上海市人民政府发展研究中心党组书记、主任):集装箱要进黄浦江,它的吃水就显然不够,所以这样就有了长江口的航道治理问题,我们准备分三期,然后从区里做到市里。这个过程当中我们的集装箱码头实际上也在不断往外转移,从张华浜转移到外高桥,但是实际上集装箱的迭代是很快的。当时我们在做这个研究的时候,应该是1995年,就发现国际上的集装箱从第三代马上要跨入第四代、第五代、第六代,它对吃水的要求甚至长江口航道都不能满足。

1990年,党中央、国务院宣布开发开放浦东之后,上海港的发展面临着一系列挑战,首先是对外贸易规模的不断扩大、货物运输量的迅猛增长,导致长期面临码头货物吞吐能力不足的问题,建一个满一个。在对外高桥二期进行项目评估时,争议的核心问题就是对未来箱量增长的预期。当时提出外高桥二期建成以后,箱量可以从一期时的60万箱左右,提升至150万—200万箱。但有人对此表示怀疑,认为能达到几百万箱是不得了的事情。实际上,后来的发展远远超过了预期。其次,是集装箱船大型化趋势已经开始,那时的集装箱船已经达到2 000—3 000箱水平,后来更是出现了4 000—5 000箱的四代船、五代船,大概是4万—5万吨,已经出现5万吨的船要在长江口外减载候潮的问题。同时,上海还面临着与中国台湾高雄、韩国釜山、日本大阪神户之间的激烈竞争,1994年上海的集装箱量只有100万箱,与这些港口相比还存在一个数量级上的差距,上海的压力巨大。

从历史发展来看,"港为城用,城以港兴"是上海城市发展的一条重要规律;从地理位置来看,上海位于长江入海口,地处中国大陆东部海岸的中间;从港口条件来看,与新加坡的国际中转港不同,上海是一个腹地港,背靠的腹地是中国经济最发达的长江三角洲地区。这些因素决定了上海必须要有一个深水港,这无论对上海、对长三角地区,还是对整个中国而言,都意义重大。洋山深水港的建设呼之欲出。

1. 洋山深水港建设拉开序幕

从20世纪90年代到21世纪初,经济全球化趋势加速发展,国际贸易规模持续扩大,促使世界航运业的格局发生了重大变化。国际集装箱运输市场的发展和变化,逐渐呈现出"船舶大型化、经营联盟化、航线干线化"的特点和趋势。

但在当时,上海港的国际集装箱年吞吐量只有50万箱左右,而同期的中国香港和新加坡都已迈入了千万箱级行列,我国台湾地区的高雄港也已达到了年吞吐量逾500余万箱,位列世界前五集装箱大港。除码头泊位数量上的差距外,没有可供超大型集装箱船舶停靠的深水港,这成了上海港竞争成为国际枢纽港的最突出、最致命的"短板"。

方怀瑾（上海国际港务集团有限公司副总裁）:上海早期的近代工业,从粮食加工、棉纺织业,都是在苏州河沿线一字摆开。到了

20世纪初叶，黄浦江就逐渐成为上海港主要的水上通道，但是无论是苏州河、黄浦江，它都是内河，它航道的水深条件和航道的宽度都是非常受限制的。以黄浦江为例，黄浦江的自然水深也就是6米左右，沉床也不过到8米，苏州河更浅。所以上海实际上不是一个海港，说得准确一点，它不过是一个河港，而且是一个内河港。

在这一情境下，上海开始积极寻找能满足未来航运发展的深水良港。20世纪90年代中期，上海市委、市政府的主要领导同志开创性地提出了"跳出上海看上海"，到外海建设深水港的大胆思路。经过一系列的勘探考察和初步分析，认为洋山海域作为上海深水港的备选港址具有明显的综合优势。位于浙江省舟山市嵊泗县的大小洋山列岛，距离上海南汇芦潮港27.5千米，距国际航线仅104千米，且具备15米水深。如果在小岛和大陆之间建立一座跨海大桥，这里可以作为距离上海最近的深水港。

上海于1995年正式提出建设深水港，2002年3月经国务院批准洋山港建设项目立项。此后，由上海深水港建设指挥部负责工程项目的开工建设，2005年12月一期工程（包括东海大桥）建成投产，前后共用了十年左右的时间，称得上"十年成一港"。但洋山港所处地方位于外海，其海域距上海南汇的芦潮港约有30千米，只有通过建造跨

图4-47　洋山港填海吹沙

图4-48　东海大桥

海大桥，才可将港区同上海的交通运输网络方便地连成一体。于是，东海大桥即跨海大桥的工程正式拉开序幕，它是连接上海市浦东新区南汇新城镇与浙江省舟山市嵊泗县洋山镇的跨海通道，是沪芦高速公路南端疏港支线的组成部分，也是洋山深水港的重点配套性工程之一。东海大桥带领上海港口走向外海，为提高港口运载能力提供了有力的交通保障。

戴鞍钢（复旦大学教授）：港口可以说是上海的源头之水，先有港口，再有贸易，再有城市，再有金融，再有工业，所以港口是上海最重要的一个经济驱动力，而且上海的港口一直是与时俱进的，比如说从青龙港到十六铺，从十六铺到外高桥，从外高桥又到洋山深水港，它的轨迹就是紧跟世界的航海步伐。所以现在有人形容上海港口是从上海走向海上，这个是非常形象的。

2002年4月，令世界瞩目的我国"十五"重大建设项目、上海国际航运中心洋山深水港建设工程正式全面启动。首期中，工程宏伟的建筑便是跨海大桥。这座设计为双向8车道的特大桥不仅实现陆岛相连,而且跨越浙江、上海两个省市,标志着新世纪浙、沪两地新一轮区域经济合作的开始。打造国际航运中心洋山集装箱深水港是上海航空枢纽港、信息港和海港"三港"建设的一项重要基础工程,是打造上海现代化国际大都市的重要平台——国际航运中心。

2. 洋山港一到四期工程建设

2002年6月26日,全长32.5千米的跨海大桥打下了第一根桩。由此,洋山深水港码头的建设开始了。

洋山港一期到四期工程中,建设者们在这个汪洋之中的小岛上度过了无数个不眠之夜。2005年12月,洋山深水港一期工程建成开港,总投资约130亿元。一期工程的建设主要有三个部分。第一部分是在小洋山岛建设拥有长1 600米的岸线、5个能停靠第五代、第六代集装箱船舶并兼顾8 000标箱船舶的泊位。年设计吞吐能力220万标箱。第二部分是建设全长32.2千米的芦潮港至洋山岛的跨海大桥,其中跨海部分桥身长27.5千米。第三部分是建设公路、变电站、输水管线等配套基础设施。

洋山深水港一期工程的建成是上海建设国际航运中心一个重要的里程碑,它标志着上海港已经从一个内河港变成一个拥有深水泊位的海港,为上海国际航运中心建设奠定了重要的硬件基础。

图4-49　洋山港一期工程建设

　　洋山深水港区二期工程沿一期工程向西顺延,码头岸线长达1 400米,建设4个7万—10万吨级集装箱专用泊位,陆域总面积约88.83万平方米,设计集装箱年吞吐量210万标准箱。二期工程建设内容主要包括400万立方米抛(吹)填沙、86.1万平方米道路堆场、15个总建筑面积15 187.7平方米单体房建工程、60台大型装卸工艺设备、港区生产管理系统等。二期工程的顺利建成会进一步发挥洋山深水港区的规模效应,进一步提高上海港参与国际集装箱运输的综合竞争能力。

　　2006年底,二期工程竣工开港。在当时,洋山深水港区已成为上海国际航运中心的主体港区,根据洋山深水港区总体规划,北港区规划岸线长10余千米,可布置30个集装箱泊位,可形成吞吐能力约1 500万标准箱。

　　2008年,洋山深水港区三期工程(一阶段)建有4个7万—15万吨级集装箱专用泊位,设计核定年吞吐能力280万标准箱,于2008年6月建成并正式投入试运行。随着三期工程(一阶段)的投产,洋山深水港区已建成13个大型集装箱深水泊位,有效缓解了上海港深水泊位紧缺的问题。

图4-50　洋山港二期工程建设

图4-51　洋山港三期工程建设

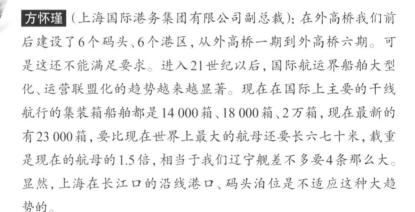

方怀瑾（上海国际港务集团有限公司副总裁）：在外高桥我们前后建设了6个码头、6个港区，从外高桥一期到外高桥六期。可是这还不能满足要求。进入21世纪以后，国际航运界船舶大型化、运营联盟化的趋势越来越显著。现在在国际上主要的干线航行的集装箱船舶都是14 000箱、18 000箱、2万箱，现在最新的有23 000箱，要比现在世界上最大的航母还要长六七十米，载重是现在的航母的1.5倍，相当于我们辽宁舰差不多要4条那么大。显然，上海在长江口的沿线港口、码头泊位是不适应这种大趋势的。

四期工程总用地面积约223万平方米，海岸线长达2 350米，拥有2个7万吨级泊位和5个5万吨级泊位，设计吞吐能力初期达到400万标准箱一年，远期将达到一年630万标准箱，可满足多艘大型集装箱船同时靠泊。

与传统码头相比，洋山港四期工程首次采用了自动化设备和控制系统，由电脑控制桥吊来装卸集装箱，用无人驾驶的自动化引导运输

图4-52　洋山港四期工程建设

车运输集装箱。与洋山港一、二、三期相比,四期码头岸线最短、占地最少,其吞吐能力却超过前三期总数的一倍。目前,超级大港的人手配备仅需9人,但作业效率却能提升30%。

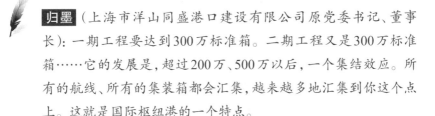

归墨（上海市洋山同盛港口建设有限公司原党委书记、董事长）：一期工程要达到300万标准箱。二期工程又是300万标准箱……它的发展是,超过200万、500万以后,一个集结效应。所有的航线、所有的集装箱都会汇集,越来越多地汇集到你这个点上。这就是国际枢纽港的一个特点。

从一期到四期,如今的洋山深水港不仅是中国最大的集装箱港口,也是全球全自动化综合程度最高的集装箱港口。过去,一台桥吊需配几十个工人服务;现在,一个工人就能服务几台桥吊。

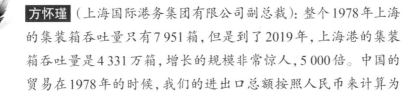

方怀瑾（上海国际港务集团有限公司副总裁）：整个1978年上海的集装箱吞吐量只有7 951箱,但是到了2019年,上海港的集装箱吞吐量是4 331万箱,增长的规模非常惊人,5 000倍。中国的贸易在1978年的时候,我们的进出口总额按照人民币来计算为

图4-53 洋山港四期自动化码头开港

355亿元,到2019年我们的进出口总额达到315 400亿元,增长了880多倍。港口和贸易的联系从数量规模上就可以看得一清二楚,港为城用,城以港兴,一再被历史的发展所证明。

洋山港四期自动化码头在规划伊始,就以智慧港口、绿色港口、科技港口、效率港口作为建造的标准和规范,并为此大胆采用了全自动化集装箱建设方案,以实现码头作业从传统劳动密集型转向自动化、智能化的现代新型码头。在目前全球已建成和正在建设的40余座自动化码头中,首创多元化堆场作业交互模式。而集装箱运输车的电力驱动技术、第二代港口岸基供电、太阳能辅助供热等创新技术的应用,为洋山港自动化码头建成零排放的"绿色码头"夯实了坚实基础。

自2014年始,洋山港四期工程历经三年时间就建成了世界一流水平的全自动化码头。这座智能化码头设计年通过能力初期为400万标准箱,远期为630万标准箱。洋山港集装箱吞吐量占上海港40%以上,是上海成为国际航运中心的重要支撑点。洋山港自动化码头的开港将助推上海港集装箱年吞吐量突破4 000万标准箱,相当于美国所有港口的吞吐量之和,体量达到目前全球港口年吞吐量的1/10。

洋山港自动化码头最终将配置26台桥吊、120台轨道吊、130台自动引导运输车。规模如此之大的自动化码头一次性建成投运，史无前例。

3. 洋山深水港的建成是全球现代化港口建设的重要成就

从2002年一期到2017年四期建设，洋山深水港由一期工程建设5个集装箱深水泊位、码头岸线1 600米到二期工程建设4个集装箱深水泊位、码头岸线1 400米，到三期工程建设，建设7个集装箱深水泊位、码头岸线2 600米，到四期工程建设，建设7个集装箱深水泊位，码头岸线2 350米，经年的不懈建设造就了如今洋山深水港的辉煌。

洋山深水港已取得了很好的经济效益和社会效益，提高了上海港的集装箱吞吐能力。深水港港岸线长达30千米，可建50多个超巴拿马型集装箱泊位，年吞吐量可达2 000多万标准箱，已建成16个集装箱深水泊位、一个LNG船泊位以及5个成品油泊位。此外，沿线还建设了工作船码头、小洋山客运中心等配套设施，开展港口、物流、加工区、综合服务区等配套服务。

2021年1月5日，国家发改委召开专题新闻发布会，指出上海洋山港四期已建成全球最大规模、自动化程度最高的集装箱码头。洋山深水港已成为我国乃至全世界现代化港口建设的重要成就与典型标志。

图4-54 洋山港自动化码头建设

　　洋山港的建设对上海贸易发展将在两个层次上产生重要影响：一是对上海城市的整体影响；二是对港区后方基地城区的直接影响。

　　第一，集装箱深水港建设将极大地提升上海在国际港口中的竞争地位，从而使上海的集聚与辐射能力大大增强。随着中国经济的持续快速发展和中国对外贸易的迅猛增长，上海已成长为全球前三位的大港和航运中心。而这样的地位必然要求相应的金融、贸易、人才、管理、航空和陆路运输等方面高层次、高质量的服务。与第一代、第二代国际航运中心主要集中于有形商品的集散不同，第三代国际航运中心还要参与生产要素的国际集散和配置，这样的国际航运中心城市必然要求相应的经济中心、金融中心和贸易中心的强化。上海国际航运中心的建设将促进其他三大中心的形成。

　　第二，洋山港的建设必将直接带动城区经济的发展。洋山港建设这个巨大的工程建设不仅带动港口建设、大桥建设和后方港配套建设，且直接带动城市建设，港口工业及其诱发的贸易、物流和大量的服务将为经济发展带来非常可观的产业发展和民生就业机会。

　　洋山保税港区已经成为上海国际航运中心建设的核心载体，正在进一步完善各项功能，推动航运市场的繁荣，服务长三角和长江流域地区经济发展，促进中国对外贸易的发展。

（三）提升软实力：改善营商环境，推动全球贸易发展

　　上海国际航运中心建设，抓基础设施建设，抓服务软实力提升，坚持两手抓，两手都要硬。

　　首先，优化现代航运集疏运体系。上海航运集疏运体系的基本框架已经基本形成了，但还需要进一步完善，包括整合长三角港口资源，形成分工合作、优势互补、竞争有序的港口格局；促进与内河航运的联动发展，充分利用长江黄金水道，加快推动洋山深水港区的江海直达，要大力发展水水中转，这主要是解决集装箱陆路运输对城市冲击的问题，这个问题解决好了，港口发展可以更顺一点。

　　其次，发展现代航运服务体系。上海国际航运中心的硬件设施从当前来看基本比较完备，但服务软环境还需要进一步完善，上海充分发

挥靠近国际主航线的区位优势,以及工业基础、人才资源、商务环境等
方面的综合优势,大力发展船舶交易、船舶管理、航运经纪、航运咨询、
船舶技术等各类航运服务机构,拓展航运服务产业链,延伸发展现代物
流等关联产业,不断完善航运服务功能。

1. 提升口岸竞争力,改善口岸营商环境

2020年,上海洋山港集装箱吞吐量为2 022万标准箱。2021年1
月,洋山港集装箱吞吐量以196.5万标准箱突破历史纪录,同比增长
17.8%,再创历史新高。从洋山口岸出入境(港)的船舶和人员双双创
新高,据洋山边检站统计,2020年,洋山边检站守国门、防疫情、助复工、
保畅通,共查验出入境(港)船舶8 400多艘次,验放出入境(港)人员
19.6万多人次。

洋山港的数据创新高的背后是口岸竞争力的稳步增长。洋山港背
靠长三角、辐射全中国,地理位置十分优越,航线稳定在70余条,覆盖
六大洲、三大洋。2019年新增美东、欧洲等多条航线,2019年底由智利
直航中国的"樱桃快航"迁移至洋山港,密集的远洋航线拉近了中国与
世界的距离。在增加航线的同时,为适应市场和形势需要,各大航运公
司纷纷增加运力,2019—2020年,50多艘超20 000标准箱的集装箱新
船陆续投入运营。

图4-55　洋山港集装箱码头

图4-56　洋山港码头

洋山港国际航行船舶平均靠港时间不到24小时,是国内效率最高的港口之一。这里有世界领先的装卸作业速度,在洋山港一、二、三期均以超设计吞吐量作业的基础上,洋山港四期全自动化码头经过两年多磨合,单月吞吐量最高达34.8万标准箱。第二届进博会期间,洋山港智能重卡示范运营项目试运行,依托5G系统,无人驾驶集装箱上路,进一步提升东海大桥通行能力和集装箱的中转速度。这里的大通关模式走在全国前列。

洋山港的数据创新高的背后是口岸营商环境的持续改善。效率是竞争力,营商环境更是竞争力。洋山边检站深入贯彻落实国家移民管理局"放管服"的改革精神,自2019年以来,相继推出"马上办、网上办、预约办、靠前办、接力办、协同办、限时办、一次办"等工作举措,为口岸赢得了效率,为企业争得了效益,实现"数据多跑腿,群众少跑路"。在海员权益保障方面,洋山边检站联合洋山海关建立中国籍船员行李物品检查监管互认机制,双方设计启用了行李物品检查封志,避免了行李物品重复查验,惠及了数百名离船入境的中国籍船员。

洋山边检协同海关、海事部门共同开展联合登临,排名全国开放口岸港口第一位。联合登临检查不到半小时就能办结全部入境查验手续，大大缩短了船舶非生产待泊时间，提高了港口和航运公司运营效率，降低了运营成本。自贸区临港新片区成立后，洋山各口岸查验单位将大通关作为打造改革开放前沿窗口和服务进博会的重要举措，通过联合登临保证了来自土耳其、法国、意大利等国家的展品快速入境。

2. 创建上海航运交易所，促进航运服务业发展

为了发展航运服务业，提升中国在国际航运领域的话语权，上海创新探索建立上海航运交易所。1996年

图4-57　上海航运交易所

11月28日，经国务院批准，由交通部和上海市人民政府共同组建的上海航运交易所正式开业，这是中国第一家航运交易市场，发挥规范航运交易行为、调节航运交易价格、沟通航运交易信息的功能，为全国航运市场的发育和发展起到示范引导作用。

3. 编制国际航运指数，提升国际航运话语权

1998年4月13日，由交通部主持、上海航交所编制的"中国出口集装箱运价指数"首次发布，产生了广泛的国际影响。现在，"中国出口集装箱运价指数"已经与"波罗的海干散货运价指数"一起被誉为世界两大海运价指数，成为联合国文件引用的可靠数据。

截至目前，上海航运交易所编制发布的指数包括中国出口集装箱运价指数、上海出口集装箱运价指数、中国沿海（散货）运价指数、中国沿海煤炭运价指数、中国进口干散货运价指数、中国进口原油运价指数、中国进口集装箱运价指数和台湾海峡两岸间集装箱运价指数等，这大大提升了我国的国际航运话语权。

4. 发展邮轮产业，建设吴淞口国际邮轮港

吴淞口靠近长江口主航道，修建邮轮港可以弥补上海港没有大型邮轮专用码头的不足，与北外滩国际客运中心实现功能互补、错位发展，共同形成中国规模最大、功能最全的国际邮轮母港和邮轮产业中心。

2009年7月，上海吴淞口国际邮轮码头水上项目正式开工建设，并于2011年10月15日正式开港。为贯彻落实国家"一带一路"建设和长江经济带发展战略的部署及上海市"创新驱动发展、经济转型升级"的工作要求，2015年6月18日开始建设上海吴淞口国际邮轮码头后续工程，新建两个大型邮轮泊位，使得吴淞口国际邮轮港具备四船同靠能力。2018年7月13日，码头后续工程正式试运营，当天迎来了盛世公主号、诺唯真喜悦号、地中海辉煌号三艘13万吨以上大型邮轮同时靠泊，正式开启吴淞口国际邮轮港"三船同靠"的邮轮运营新纪元。

现在，上海已经成为亚太地区最繁忙的国际邮轮母港，邮轮母港旅客发送量保持在世界第四，亚洲第一。

图4-58　地中海辉煌号邮轮

5. 实施启运港退税政策及机制体制方面的创新

上海根据相关规定，实施了启运港退税政策，提供国际中转集拼服务，降低国际集装箱中转成本，鼓励中国外贸集装箱在上海国际航运中心转运。上海港作为全球第一大集装箱港口，地处沿海岸线中心与长江黄金水道的交汇点，兼具自贸试验区等多项政策优势，有很好的能力完成这项国际中转集拼服务工作。2014年10月，上海港完成首票国际中转集拼，这可以降低国际海运综合物流成本，目前上海港集装箱国际中转量正在逐年递增。2020年上海港国际中转完成超530万标准箱，同比增长超过14%，水水中转比达到51.6%，同比增长约3%。

上海国际航运中心建设还面临着一些体制机制问题，如"方便旗"船舶登记等。现在中国船队的规模很大、运量很大，但挂五星红旗的有限，从上海国际航运中心建设来看，船舶登记是非常重要的，船舶在这里登记，相关的海事服务也会在这里办理，否则航运保险等航运服务业就难以发展起来。这需要通过下一步机制体制改革加以解决。

上海国际航运中心建设实际上是一个不断探索、不断统一认识、不断创新的过程，创造了许多全国第一乃至世界第一。在港口建设方面，离岛建港是国内第一家、全球第一家，在海上建桥也是国内第一家；在体制机制领域，港口建设省市合作也是国内首创，而且这些年来与浙江的合作方式还在进一步深化创新。

五、永不落幕的进博会：写就新的海上传奇

2018年11月，第一届中国国际进口博览会（以下简称进博会）在上海召开。上海，这个中国最大的经济中心城市，再次吸引了世界的目光。

（一）进博会顺势而生

当前，开放融通的潮流滚滚向前，经济全球化逐步深化。只有主动参与，推动引领经济全球化进程，发展更高层次的开放型经济，才能为中国开拓广阔的发展空间，为共建开放型世界经济作出更大贡献。在逆全球化暗云密布，保护主义、单边主义甚嚣尘上；经济增长缓慢，民粹主义和贸易保护主义愈演愈烈，贸易战层出不穷；电子商务、人工智能等新一轮科技革命等挑战接连来袭的严峻环境下，中国以不惧之姿高举全面对外开放大旗，更大力度打开国门，为共建开放型世界经济，推动构建人类命运共同体注入更多"中国动力"，彰显了大国责任与担当。

中国经过40年的持续发展，已经成为世界第二大经济体，是全球经济增长的重要支撑力量。然而，国家的发展需要继续深化改革开放，产业结构亟待调整，体制机制改革亟待深化。在此背景下，进博会顺势而生。这是一个由中国牵头搭建起的平台，为多国企业和主体创造了贸易合作和交流的机会，体现自由公平贸易，并由此掀起"绿色风暴"。它不仅架起了中国与世界的经济桥梁，还正在成长为国际采购、投资促

进、人文交流、开放合作的重大平台。进博会作为商品和服务交易的开放平台，会更好地促进贸易平衡。

到目前为止，进博会已成功举办三届。三年风雨，三年砥砺，每次圆满落幕，每次硕果累累。三届进博会的成功举办，将综合效益持续放大，产生了较大的影响，并受到了广泛赞誉。按照习近平总书记提出的"进博会不仅要年年办下去，而且要办出水平、办出成效、越办越好"的重要指示精神，每一届都如期保质，并再创新高，而且其溢出效应逐渐凸显，形成"展品变商品、展商变投资商、采购商变贸易商"的良性生态圈，世界各国企业都从中受益。

2021年是"十四五"开局之年，在新的历史节点上，《十四五商务发展规划》中明确强调要提升贸易平台，发挥好中国国际进口博览会等重要展会平台作用，成为国民经济和社会发展第十四个五年规划中的一项任务。进博会为渴望找到贸易机会的跨国企业提供了有效渠道，真正解决了企业个体的生存难题。这也是进博会存在的真实意义。

一年起锚远航，两年遥过重山，三年览尽千帆。举办三届之后，进博会逐渐成熟，已成为中国"全面提高对外开放水平"的一个重要载体。中国已经不再一味追求出口，而是积极寻求贸易平衡，以进博会为切入口扩大进口，以开放的心态促进经济和贸易的高质量发展，将中国的贸易力量汇入全球贸易之海，用实际行动诠释中国如何与世界分享市场机遇，推动世界经济复苏。

（二）进博会成为对外贸易窗口

2018年金秋，以"新时代，共享未来"为主题的首届中国国际进口博览会在上海开幕。

开幕式上，中国国家主席习近平向世界宣布：中国国际进口博览会是中国的，更是世界的。中国国际贸易博览会作为世界上首个，也是唯一一个以进口为主题的国家级博览会，是国际贸易发展史上的一大创举。首届进博会吸引了172个国家、地区和国际组织参会，3 600多家企业参展。

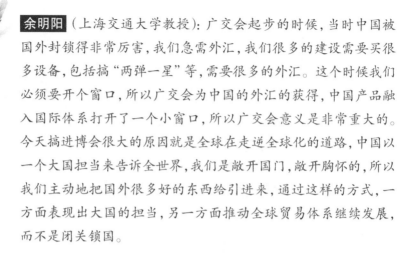

余明阳（上海交通大学教授）：广交会起步的时候，当时中国被国外封锁得非常厉害，我们急需外汇，我们很多的建设需要买很多设备，包括搞"两弹一星"等，需要很多的外汇。这个时候我们必须要开个窗口，所以广交会为中国的外汇的获得，中国产品融入国际体系打开了一个小窗口，所以广交会意义是非常重大的。今天搞进博会很大的原因就是全球在走逆全球化的道路，中国以一个大国担当来告诉全世界，我们是敞开国门，敞开胸怀的，所以我们主动地把国外很多好的东西给引进来，通过这样的方式，一方面表现出大国的担当，另一方面推动全球贸易体系继续发展，而不是闭关锁国。

1. 首届进博会——起锚远航

此次盛会是迄今为止中国举办的第一个以"进口"为主题的国家级盛会，勾画了合作发展的全球贸易蓝图，为构建开放型世界经济注入了强大的"中国能量"。国家主席习近平出席大会开幕式并发表了题为"共建创新包容的开放型世界经济"的主旨演讲，从历史、现实、未来三个时间维度强调开放合作的重要性。

进博会的举办向世界宣告了中国继续扩大开放的坚定态度。加快对外开放的步伐，举办国际进口博览会，就是一个极具针对性的举

图4-59　第一届进博会的宣传海报

措。这恰好为希望与中国保持并发展良好商贸合作关系的国家和地区创造了新的机会。其中，英国对此次博览会寄予厚望，称它将为中英关系"黄金时代"带来机遇。其他参会国家与地区也都非常希望在中国这个超级市场上一展身手，尽量多拿到一些市场份额。毕竟，建立在公平、开放基础上的商贸关系是一种双赢的关系，对于参加此次博览会的国家和地区来说，这更是为自己赢得增加进出口贸易的机会。

有如此多的国家与地区愿与中国开展商贸活动，在反全球化暗潮汹涌的当下，对中国来说也是非常难得的借力自强的良机。当全球各地具有比较优势的产品和服务竞相涌入中国，给国内相关行业和企业带来巨大压力和挑战的同时，也将激发他们不断地改变、提升，并通过转型升级使产品和服务更具有市场竞争力。长远来看，进博会的举办有利于加快中国的供给侧结构性改革的进程。

总体来说，此次大会交易采购成果丰硕，按一年计的累计意向成交额为578.3亿美元。此外，大会还举办了370多场配套活动，来自82个国家和地区的1 178家参展商、2 462家采购商进行了多轮现场一对一洽谈，达成进一步实地考察意向601项，意向成交657项。国际社会高

图4-60　第一届进博会中东欧各国参展

度评价进博会,称其是推动全球包容互惠发展的国际公共产品,将为各国提供更多的中国机遇。

首届中国国际进口博览会的举办只是一个开始,而博览会本身也只是一个窗口,紧随其后的将是源源不断的跨国商业活动。随着大量进口商品与服务涌入中国,不仅会给中国人在生活上带来更多、更好的选择,而且也会让众多愿意与中国发展商贸合作关系的国家和地区从"中国能量"中受益良多。

2. 第二届进博会——遥过重山

2019年11月,第二届中国国际进口博览会在上海召开。上海,这个中国最大的经济中心城市,再次吸引了世界的目光。第二届进博会按一年计的累计意向成交额达711.3亿美元,比首届增长23%,巨大的成果令世界惊叹。6天时间里,全球首发的展品、供销两旺的互动、诚意满满的签约,一幕幕进博会的精彩瞬间令人难忘。

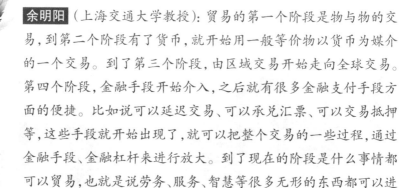

余明阳 (上海交通大学教授):贸易的第一个阶段是物与物的交易,到第二个阶段有了货币,就开始用一般等价物以货币为媒介的一个交易。到了第三个阶段,由区域交易开始走向全球交易。第四个阶段,金融手段开始介入,之后就有很多金融支付手段方面的便捷。比如说可以延迟交易、可以承兑汇票、可以交易抵押等,这些手段就开始出现了,就可以把整个交易的一些过程,通过金融手段、金融杠杆来进行放大。到了现在的阶段是什么事情都可以贸易,也就是说劳务、服务、智慧等很多无形的东西都可以进入交易的状态。

在第二届进博会的会场上,有一个特殊的展区——服务贸易展区。

服务贸易虽然看不见,摸不着,但它实实在在地为产业创新升级助力,为全球贸易沟通提供便利,为所有人的美好生活添砖加瓦。作为进博会中唯一一个没有实物商品的展区,服务贸易展区的出现,在丰富进博会内涵的同时,也为全球的服务贸易供给者和需求者搭建起沟通的桥梁。

图4-61　第二届进博会

图4-62　第二届进博会的文旅展区

图4-63　普洛斯在进博会服务贸易展区的展台

　　服务贸易展区定位为"最强大脑打造迷你地球",设有文化及旅游服务、金融及咨询服务、商贸物流及供应链服务、检验检测及认证服务、综合服务(建筑、设计等)五大板块,还有国际物流服务持续降本增效、"一带一路"建设助力企业出海、旅游+科技推动生活方式变革、数字赋能四大亮点。各行业领军企业悉数参会,一站式满足企业内外贸服务需求。迪卡侬投资开发的人工智能机器人"迪宝"也在第二届进博会服务贸易展区亮相,可应用于实体商场场景内,实现全品类产品自动盘点。SGS的5G实验室,可为车联网软件及硬件提供检测服务,为5G通信技术在汽车行业的落地应用提供技术保障。奥运会全球信息技术合作伙伴源讯推出的物联网咖啡机,能通过物联网技术控制相关物料的投放和补充。达飞集团推出为中国食品贸易企业定制的冷藏物流解决方案等。

　　尽管中国外贸进出口总值持续增长,贸易保持顺差,但在服务业贸易中却有着高额逆差。随着越来越多的中国人走出国门,旅游在服务贸易中占据了越来越重要的份额。在服贸展区中,"旅游+科技推动生活方式变革"这一主题成为亮点,格外引人注目。在旅游服务专题展

图4-64 中国风旅游展示区

厅,通过大数据、人工智能等多种展现形式,集中展示科技赋能旅游、沉浸互动体验及全新场景应用三大亮点。

孙洁（携程旅行网首席执行官）：人跟人之间有很多的不理解都是可以在旅游互相接触的过程当中来减少,增加我们的友谊。如果全球的人民能够到中国来看一看,我相信他们都会非常热爱中国,而反中国的这个声音会远远降低,这个也是对世界和平作出的贡献。

　　旅游服务贸易的发展无疑是促进中外文化交流的一个助推器。当今世界是经济全球化的世界,世界各国在经济全球化的过程中不仅有经济上的合作,更有文化和理念上的交流。如果商品和服务是进博会的硬件,那文化和理念的交流就是软件。当今世界矛盾重重,经济的增长离不开文化和理念的交流,文化和理念的交流从更深层次上推动着经济的发展,推动着世界各方面问题的协商解决,推动构建人类命运共同体。

　　位于虹桥临空商务区的携程,也是进博会上的服务贸易参展商。忙碌的办公室内,工作人员们马不停蹄地回应来自全国,乃至世界各地

图4-65　海南旅游展示区

图4-66　甘肃旅游展示区

的游客们的问题。随着中国贸易的不断发展，曾经势单力薄的中国服务贸易产业也闯出了一条从"引进来"到"走出去"的道路。

　　孙洁（携程旅行网首席执行官）：这是中国人向全球展示我们的实力，中国有14亿人口，上海的人均GDP已经达到2万美元，已经达到中上这样的一个消费水平，所以中国的市场是非常大的，每一个国家只要它想未来有增长，中国是志在必得的一个市场。携程在这个当中展示了我们服务的实力，也向全球展示我们的购买能力，所以这是一个很好的机会。

　　第二届进博会上，携程作为全球唯一一家参展OTA在服务贸易板块亮相，通过进博会这扇开放之门，向全球展示中国旅游新形象。

　　携程旅行网创始人兼执行董事局主席梁建章表示，携程旅游不仅是国家对外展示的"名片"，还应该在国家整体经济方面发挥重要作用。如果把入境旅游收入对GDP的贡献做一个比值，我们会发现一般

图4-67　携程亮相进博会

国家的入境游对GDP的贡献在1%—3%。作为亚洲主要经济体,印度是1%左右,而最高的泰国高达12.48%,最低的中国为0.3%。从这个方面来说,中国入境旅游仍具有较高发展潜力。

 梁建章(携程联合创始人兼执行董事局主席):开放的中国让世界看到了诚意,而中国也急需服务贸易的全球品牌。未来,携程集团无论在电子签证系统的开发,还是在友好中国旅游形象的营销方面,都有能力和意愿配合政府,让全球了解中国,走进中国。

3. 第三届进博会——览尽千帆

2020年11月4日,形如四叶草的上海国家会展中心再次盛装绽放,第三届中国国际进口博览会在此拉开帷幕。2020年的特殊在于新冠肺炎疫情肆虐全球,世界经济迈入寒秋,多国暂停或取消国际大型展会。特殊之年,大考之年,第三届进博会如期而至,向世界宣告了中国推进更高水平开放和不断推动建设开放型世界经济的坚定决心。

正如习近平主席在开幕式上所说:"中国在确保防疫安全前提下如期举办这一全球贸易盛会,体现了中国同世界分享市场机遇,推动世界

图4-68　参加第三届进博会的部分政府及企业界人士

经济复苏的真诚愿望。"作为开放合作的重要平台，本届进博会规模更大、展品展览展示水平更高、朋友圈更广——展览面积近36万平方米，比上届扩大近3万平方米，数百项新产品、新技术、新服务"全球首发、中国首展"。

来自全球150多个国家和地区的3 600多家展商聚集于此。中国国际进口博览局副局长孙成海介绍，虽然目前全球新冠肺炎疫情仍在持续蔓延，但各方合作意向热度不减，按一年计，第三届进博会累计意向成交额为726.2亿元，比上届增长2.1%。世界500强及行业龙头企业连续参展比例近80%，布展水平进一步提升，特装比例达到94%，多个国家部委继续推出税收优惠、通关便利、市场准入等支持政策，为参展客商带来更多实惠。

进博会之于中国，是一条紧密连接中国和世界的纽带。万商云集，共襄盛举，经过3年发展，进博会让展品变商品，让展商变投资商，联通中国和世界，成为国际采购、投资促进、人文交流、开放合作的四大平台，成为全球共享的国际公共产品。

从推动共建"一带一路"到主动举办进口博览会，这是中国向世界提供的又一国际产品。大格局，大手笔，大情怀，黄浦江缓缓东流，夜空星光闪烁，进博会不畏风雨侵袭，不惧逆流汹涌，为中国经济这片大海放哨站岗。中国始终以海纳百川的开阔胸怀为世界经济发展增添一抹亮色。

上海商通四海，人聚万邦，文明交融，姿彩多样，背靠长江水，面向太平洋，长期领中国开放风气之先，讲上海故事就是在讲中国故事。改革开放40年，上海见证着中国走向世界的脚步，也记录下世界走进中国的进程。

（三）进博会推进了上海贸易环境的改善

进博会作为一个开放性的平台，不仅向全球宣示了中国要建设开放型世界经济的主张，表明了向世界开放中国市场的信心和决心，同时还带来了大量与进口相关的贸易管理体制的变化。此外，进博会对上海贸易环境也具有重要的推动作用，主要体现在以下六个方面。

第一，进博会是一个对话平台，在举办进博会的同时还可以举办相关论坛，促进上海与外界的贸易交流。例如，在举办进博会的同时，还举办了虹桥经济论坛，论坛主要是围绕着贸易和投资领域的一些政策进行探讨。已举办的几届论坛重点关注的是电商数字贸易，主要围绕新兴的贸易方式进行政策探讨，对贸易创新起到较好的促进作用。

第二，扩大贸易采购效应，吸引贸易采购商入住上海"6天+365天"一站式交易服务平台，整合采购资源，为进出口贸易提供便利。前两届进博会共吸引了约200多家财富500强的总部企业，还吸引了3万多家中小型贸易采购商，这些企业的商品会通过"6天+365天"一站式交易服务平台推广到整个市场，方便资源对接。

第三，扩大贸易投资效应，上海成为全国各地，包括全球其他一些国家和城市的招商投资促进的平台。通过进博会，上海吸引了一些城市前来举办投资推介活动，同时上海本身也会举办一些推荐活动。例如，2019年的城市推介大会上，上海在16个区开辟了一些投资路线，请全球的客商过来参观，去发掘上海每个地方的一些产业特色，进而进行投资。截至2020年9月底，上海吸引了地区总部758家，研发中心458家，整个贸易投资促进的效应非常明显。

第四，推动上海贸易结构调整，聚集新兴产业。上海作为国际贸易中心城市，聚集了大量的贸易主体。而进博会通过众多的展位，给上海带来了相应的不同的货物领域、服务领域、数字领域的企业进驻，从而对上海整个新的主体的集聚和结构的调整带来推动作用。例如，上海大量的制造业会向外转移，重新集聚新的服务主体和数字主体进来。

第五，推动上海贸易内容的创新，向服务领域和数字领域迈进。在服务领域，目前上海大量的贸易监管模式主要集中于货物领域，而随着服务贸易的发展，服务贸易需要建立适应自身特点的一些贸易监管方式，如与研发相关的、与维修相关的一些服务的监管方式，需要进一步的创新方案。在数字领域，数字贸易的发展需要一定的基础设施。此外，还需要提升数据向全球流通的连通性，这需要在数字贸易畅通方面的创新方案。

第六，推动上海贸易网络向外拓展，向长三角地区内向延伸以及其他城市外向延伸。对于内向延伸，推动上海通过产业链价值链的延伸，向长三角地区和长江流域进一步拓展。对于外向延伸，推动上海向其他国际城市的贸易形象宣传，为全球更多的城市搭起伙伴关系，发挥上海的"桥头堡"作用。

结　语

　　"海纳百川、追求卓越、开明睿智、大气谦和"是上海这座城市的精神。

　　中国漫长的大陆海岸线，像一张拉满的弓；曲折蜿蜒的长江，像一支蓄势待发的箭；而上海，就在这副弓箭的交叉点上。

　　因海而生，因海而兴，上海这座有着百年历史的贸易大都会始终勇立潮头。它像一面镜子，折射出改革开放以来的沧桑巨变；也是一面旗帜，向着开放、创新、高品质的目标奋进。

　　一百年来，贸易衔接世界、改变世界。

　　改革开放以来，上海用世界的标准去开拓创新；面对未来，上海承载着新的历史使命，把握新的发展机遇，写就新的海上传奇。

主要参考文献

1. 包斯文.洋山港加入国际航运中心"战团"[N].中国冶金报,2005-12-10.

2. 曹炜.开埠后的上海住宅[M].中国建筑工业出版社,2004.

3. 柴宗盛等.大飞机园航空制造与服务双引擎起航[R].澎湃新闻,2020-11-19.

4. 常熟老李.城市记忆:老上海的人力车与人力车夫[EB/OL].http://www.360doc.com/content/14/0403/09/98463_366001846.shtml.2021-10-19.

5. 陈春舫.买办与洋行之中国买办的起始[J].上海百货,2017(5).

6. 陈春舫.买办与洋行之左右逢源的上海洋行买办[J].上海百货,2017(6).

7. 陈高宏口述,唐小丽整理.30年浦东故事:听这位浦东"800壮士"讲开发开放的故事[N].人民网上海频道,2020-4-15.

8. 陈佳辰.上海浦东新区勇担新使命,全力打造社会主义现代化建设引领区[N].中国发展网,2021-3-1.

9. 陈静.数说洋山港,这一年,我们不一样[N].中新网上海,2020-1-12.

10. 陈明远.中国租界史的再认识(之五)毁誉不一的"买办"阶层[J].社会科学论坛,2013(10).

11. 崔爽.永不放弃:国产大飞机梦想成真[N].科技日报,2018-7-23.

12. 戴仁毅.中国航空史上第一位飞行家潘世忠是青浦人[N].上观新闻,2018-1-24.

13. 丁爱波.洋行与买办[J].齐鲁周刊,2015(44).

14. 丁日初,汪仁泽.五卅运动中的虞洽卿[J].档案与史学,1996(5).

15. 丁日初.上海近代经济史(第1卷　1843—1894年)[M].上海人民出版社,1994.

16. 方民生.深水港:上海成为国际大都市的基本条件[J].世界经济文汇,1993(5).

17. 方舟.国内轮运巨擘虞洽卿(1867—1945)[J].上海商业,2002(10).

18. 高援朝.日美批发业的现状与发展趋势[J].当代财经,2004(3).

19. 管承瑜.上海饮食文化视角下的城市文化变迁[J].美与时代(城市版),2019(7).

20. 侯树文,王春.凤凰涅槃　国产大飞机终迎高光时刻[N].科技日报,2019-8-27.

21. 胡幸阳.中央重要《意见》出台后,上海这个全国仅5家的特殊交易所迎来重大发展机遇[N].上观新闻,2021-7-29.

22. 黄柏生.虞洽卿善捕商机[J].意林,2009(14).

23. 纪慰华.上海自贸试验区、临港新片区、浦东新区的功能联动和错位发展[J].科学发展,2021(7).

24. 剑荣.虞洽卿与上海证券物品交易所[J].档案与史学,1996(3).

25. 姜浩峰.A380对国产大飞机的启示[J].工业经济,2019(4).

26. 李发根.论近代上海对外贸易中心的形成——以战争契机与口岸制度为视角[J].上海经济研究,2016(9).

27. 李泓冰,谢卫群,何鼎鼎,申少铁.传奇浦东:开放的先行者[N].人民网,2018-9-17.

28. 李晔.洋山港集装箱吞吐量创新高[N].解放日报,2021-7-31.

29. 李咏梅.中国集装箱运输发展前景不可限量[N].中国交通报,2005-4-15.

30. 李予阳,冯其予.看看这些大佬们的回答你就知道进博会的意义了[N].经济日报,2020-2-8.

31. 刘欣然,刘鸿生:从洋买办到实业大亨[J].中国中小企业,2015(5).

32. 卢建昊.倡导联盟与产业政策研究——中国航空制造产业"系统集成"战略制定的政治经济学[D].北京大学博士学位论文,2021.

33. 陆锦章.从吴淞铁路到淞沪铁路[J].铁道知识,1994(4).

34. [美]罗兹·墨菲.上海——现代中国的钥匙[M].上海社会科学院历史研究所编译.上海人民出版社,1986.

35. 吕文洁.新时代下上海自贸区临港新片区的新目标新定位[N].人民网上海频道,2020-1-3.

36. 罗先凤.论买办在近代早期工业化中的作用[J].焦作师范高等专科学校学报,2007(4).

37. 马毓俊.淞沪第一轨[J].上海故事,2019(6).

38. 聂宝璋.论洋行买办的本质特征——答日本学者宫田道昭兼与严编《中国近代经济史》先生商榷[J].近代中国,1993(1).

39. 聂晨静.习近平出席首届中国国际进口博览会开幕式并发表主旨演讲[N].新华网,2018-11-5.

40. 庞超然等.上海自贸试验区临港新片区制度集成创新研究[J].科学发展,2021(8).

41. 阮延华口述,任姝玮整理.铁丝网低了30厘米?上海这么做让国家放心,保税区不是走私区[N].上观新闻,2020-4-17.

42. 上海《中国对外经济贸易丛书》编纂委员会.上海对外经济贸易(1949—1990)[M].上海科学技术文献出版社,1994.

43. 上海档案信息网.上海戏院的演变[EB/OL].https://www.archives.sh.cn/shjy/scbq/201203/t20120313_6039.html.2021-10-19.

44. 上海档案信息网.上海早期的照相馆[EB/OL].https://www.archives.sh.cn/shjy/shzg/201603/t20160323_42607.html.2021-10-19.

45. 上海档案信息网.上海最早的现代化旅馆礼查饭店[EB/OL].https://www.archives.sh.cn/shjy/scbq/201203/t20120313_5831.html.2021-10-19.

46. 上海社会科学院经济研究所,上海市国际贸易学会学术委员会.上海对外贸易(1840—1949)[M].上海社会科学院出版社,1989.

47. 上海市地方志办公室. 上海地方志与新中国成立70年专栏［EB/OL］. http://www.shtong.gov.cn/node2/n253144/n258132/. 2021−10−19.

48. 上海市地方志办公室. 上海对外经济贸易志［EB/OL］. http://www.shtong.gov.cn/Newsite/node2/node2245/node74728/index.html. 2021−10−19.

49. 上海市地方志办公室. 上海服饰变迁［EB/OL］. http://www.shtong.gov.cn/node2/n189671/n190091/n258994/n259033/index.html.2021−10−19.

50. 上海市地方志办公室. 上海海关志［EB/OL］. http://www.shtong.gov.cn/Newsite/node2/node2245/node4466/index.html. 2021−10−19.

51. 上海市商务委员会. 上海开放型经济30年——中国改革开放30年上海对外经济贸易回顾和展望［M］. 上海人民出版社,2008.

52. 上海市统计局. 上海市国民经济和社会发展历史统计资料: 1949—2000(贸易外经分册)［M］. 中国统计出版社,2001.

53. 尚文超,陈慧娟. 浦东三十年:新征程再出发［N］. 光明日报,2020−11−9.

54. 沈嘉禄. 西餐在上海的前生今世［J］. 上海采风,2008(4).

55. 宋笛. 进博会观察——在中国,寻找确定性［N］. 经济观察报,2020−11−7.

56. 苏智良. 近代上海的鸦片贸易［N］. 中国禁毒报,2021−6−11.

57. 苏洲. 自贸区建设对产业结构升级的影响研究——基于上海自贸区对外开放的中介效应［D］. 上海外国语大学硕士学位论文,2021.

58. 王炳根. 中航飞机:加速民机事业发展［J］. 股市动态分析,2019(10).

59. 王垂芳. 洋商史——上海:1843—1956［M］. 上海社会科学院出版社,2007.

60. 王珏麟. 刘鸿生和中国企业银行(下)［N］. 中国银行保险报,2021−7−2.

61. 王俊豪. 现代产业经济学［M］. 浙江人民出版社,2003.

62. 王科. 上海民用航空产业发展研究［D］. 上海交通大学硕士学位论

文,2012.

63. 王铁崖.中外旧约章汇编(第一册)[M].上海财经大学出版社,2019.

64. 王志彦.上海:综合保税区坚持先行先试,口岸环境持续优化[N].解放日报,2011-11-10.

65. 王子涛.上海洋山深水港四期通过竣工验收[N].中国新闻网,2018-12-25.

66. 吴卫群.上海等五个城市将率先开展国际消费中心城市培育建设[N].解放日报,2021-7-20.

67. 熙熙.中国铁路史上的各种"第一条铁路"[J].交通与运输,2018(2).

68. 夏斯云,张国义.近现代历史上的上海对外贸易[M].上海人民出版社,2018.

69. 夏斯云等.上海近现代对外贸易史纲[M].上海人民出版社,2015.

70. 鲜乔蓥.浅析买办与中国早期现代化[J].北京联合大学学报(人文社会科学版),2004(3).

71. 肖阿伍.虞洽卿的企业家精神[J].档案与史学,2003(6).

72. 肖晓.孤岛时期的现代知识讲座[N].联合时报,2021-7-20.

73. 欣华.洋山开港,上海成全球第一大港[N].中国贸易报,2005-12-15.

74. 邢科.关于"孤岛"时期上海复社的几个问题[J].中国出版史研究,2021(3).

75. 徐赣丽.建构城市生活方式:上海近代文明化及其动因[J].民俗研究,2020(5).

76. 徐继华.工商实业家虞洽卿的经营之道[J].宏观经济管理,2012(2).

77. 徐亚芳.浅谈开埠后上海人现代观念的逐步形成[J].都会遗踪,2013(4).

78. 燕鸣.进博会助力中国经济乘风破浪[N].腾讯网,2020-11-11.

79. 杨再丽.论清末民初西方文化对中国女子服饰的影响——以近代上海女子服饰变迁为例[J].怀化学院学报,2011(6).

80. 姚贤镐.中国近代对外贸易史资料:1840—1895(第一册)[M].中华书局,1962.

81. 于佳欣."更大力度",总书记对自贸试验区建设提出新要求[N].

新华网,2021-7-11.

82. 月珠.刘鸿生:创办火柴厂与"洋火"一争高下[J].风流一代,2021(15).

83. 张娟.进博会如何改变我们的生活[N].腾讯网,2020-11-14.

84. 张苏娅.李俊军.上海洋山港带动区域腾飞[N].经济日报,2006-2-7.

85. 张问骅.上海有轨电车的变迁[EB/OL].http://www.360doc.cn/mip/820447933.html.2021-10-19.

86. 张晰.民国金融巨子贝祖诒[J].浙江档案,2007(11).

87. 张秀莉.怡和洋行的华董[J].中国中小企业,2013(11).

88. 赵晋,刘鸿生.作为中国的实业家,我真正感到骄傲[N].学习时报,2021-8-2.

89. 桢淳."办庄"与"洋行"——早期侨资与广东的进出口业[J].侨园,1999(2).

90. 中山大学自贸区综合研究院.2020—2021年度中国自由贸易试验区制度创新指数发布[N].南方都市报,2021-7-22.

91. 钟祥财.从刘鸿生家信看中国近代社会演变的几个侧面[J].近代中国,2021(1).

92. 祝越.国产大飞机从浦东起飞 带动千亿元级产业链[N].东方网,2020-11-12.

图书在版编目(CIP)数据

上海贸易百年/王胜桥主编.—上海:复旦大学出版社,2022.1
(上海百年系列)
ISBN 978-7-309-15981-3

Ⅰ.①上…　Ⅱ.①王…　Ⅲ.①贸易史-研究-上海　Ⅳ.①F729

中国版本图书馆 CIP 数据核字(2021)第 211340 号

上海贸易百年
SHANGHAI MAOYI BAINIAN
王胜桥　主编
责任编辑/鲍雯妍

复旦大学出版社有限公司出版发行
上海市国权路 579 号　邮编:200433
网址:fupnet@ fudanpress.com　http://www.fudanpress.com
门市零售:86-21-65102580　团体订购:86-21-65104505
出版部电话:86-21-65642845
上海盛通时代印刷有限公司

开本 787×960　1/16　印张 16.5　字数 238 千
2022 年 1 月第 1 版第 1 次印刷

ISBN 978-7-309-15981-3/F・2841
定价:88.00 元